COLLECTION CADOT
UN FRANC LE VOLUME
1 fr. 25 cent. pour les pays étrangers.

LOUIS NOIR

LE

COUPEUR DE TÊTES

TROISIÈME SÉRIE

PARIS
DEGORCE-CADOT, ÉDITEUR,
37, RUE SERPENTE, 37.

LE COUPEUR DE TÊTES

OUVRAGE DU MÊME AUTEUR.

Jean Chacal . . . . 1 vol.

Sceaux. — Imprimerie E. Dépée.

LOUIS NOIR

LE
COUPEUR DE TÊTES

Troisième série

PARIS
A. DEGORCE-CADOT, EDITEUR
37, RUE SERPENTE, 37

LE COUPEUR DE TÊTES

Le verre en main.

Mehemet attendait son convive.
Il le reçut cordialement.
— Je suis, lui dit-il, installé depuis peu ici ; tu me pardonneras si tout n'est pas parfaitement en règle, et s'il manque quelque chose au service.
— Parbleu ! fit le zouave.
« C'est sans façon.
Mehemet fit apporter la collation qui se composait de mets froids, et renvoya ses esclaves.
— Bien ! fit le zouave.
« J'allais te prier de mettre ces gêneurs-là dehors ; un domestique est embêtant.
« Mais, fais dire à mon cerf, qui est à la porte, de te donner un objet qu'il porte.
Mehemet ordonna qu'on fît entrer le nègre du zouave, et celui-ci, après avoir déposé un paquet enveloppé très-volumineux, se retira.
— Qu'est-ce là ? demanda Mehemet.

— C'est du bonheur pour une nuit.
— Mais, qu'est-ce enfin ?
— Du vin.

Et le zouave défit le paquet, montrant dix bouteilles de vin d'Espagne.

— Voilà, dit-il, de quoi rendre un pauvre riche, un lâche brave ; voilà qui fait oublier ses chagrins à celui que sa femme a trompé ; voilà qui est la joie en bouteille, le bonheur en calice, le paradis sous verre.

Et se couchant sur une natte, il décoiffa une bouteille, jeta l'eau qui emplissait les coupes, et la remplaça par un vin rubicond.

Mehemet souriait.

— Ami, dit-il ; je sais que vous autres aimez le vin, et je m'en étais précautionné.

Il montra ses bouteilles.

— Bravo ! fit le zouave.

« Tu es un bon compagnon, toi !

Et il lui serra la main.

— A ta santé ! dit-il.

Mehemet hésitait.

Boire du vin ! la loi le défendait.

— Ah ! fit le zouave, tu veux refuser de trinquer, tu me froisses, camarade.

Et il fronçait le sourcil.

Mehemet n'osa blesser un homme qui avait l'oreille du marabout : il but.

Il but cette fois et d'autres ; il but beaucoup ; il but trop, le malheureux.

Le zouave le poussait.

— C'est singulier, disait le chaouck, je suis content et joyeux ; je vois tout en beau.

— Quand je te le disais.

« On n'est heureux qu'avec une fiole comme ça dans le ventre ; c'est le remède à tout.

« A la tienne !

Et les bouteilles se vidaient.

Peu à peu le chaouck éprouva le besoin des confidences, besoin irrésistible, surtout chez les Arabes ; sur aucun peuple les fumées de l'ivresse ne produisent plus d'effet.

Le zouave aida son homme à glisser sur la pente des révélations.

— Il faut que tu sois bien riche, lui dit-il, pour m'avoir fait cadeau de cette bague ?

Il montrait le présent de Mehemet, brillant à son doigt.

— Oh ! fit l'Arabe, ceci n'est rien.

Et piqué de la tarentule du verbiage, il conta au zouave qu'il était riche à millions.

Il énumérait ses richesses.

— Bast ! lui dit le zouave.

« Tu es riche, mais pas autant que ça.

« Quand on a bu on blague toujours ! on se croit cent fois plus d'argent qu'on en a.

— Je vais te prouver ce que j'ai avancé, dit Mehemet froissé, viens avec moi.

Et l'imprudent ouvrit sa cachette.

— Tudieu ! fit le zouave.

« Quels trésors ! »

Il y fouilla à pleines mains.

C'est incroyable ! pensait-il.

— Il faut, dit-il au chcik, que tes pères aient fait de belles razias pour te léguer ce trésor ! »

« Mais retournons boire. »

On se réattabla.

— Ta famille était donc bien riche ? demanda le zouave après avoir versé rasade.

— Non ! fit Mehemet.

« Tu me sembles un brave garçon ; je veux te dire comment je me suis fait une fortune pareille. »

Et il conta son aventure.

Le zouave en bleuissait.

— Tope là ! fit-il.

« Quel homme tu fais !

« J'ai lu les *Mille et une Nuits*, mais jamais je n'y ai vu rien de pareil.

— Ah ! faisait Mehemet orgueilleusement, je ne suis pas un sot, moi ; je ne ressemble pas à mon père qui a dormi quarante ans auprès du trésor.

— Tu as mon estime ! fit le zouave.

« Buvons ! »

Et le vin coulait à longs traits.

Déjà Mehemet était rouge ; le sang lui montait aux yeux ; il avait l'ivresse ardente.

Le zouave en savait beaucoup, mais il voulait en savoir plus encore.

— Mon cher, dit-il, l'or sans l'amour, ce n'est presque rien.

« Il te faudra une femme.

— Oh ! fit Mehemet, je ne suis pas assez fou pour ne pas m'être donné de suite une femme aussi belle que ma fortune est grosse.

— Ça, impossible.

— Quand tu la verras quelque jour tu changeras d'idée, cadour (cher)...

— Non, car mon opinion est faite.

« Il n'y a pas une Arabe qui vaille la peine qu'on s'occupe d'elle.

« Elles sont toutes bêtes, dépourvues de charmes, incapables de raisonner avec vous.

— Ma femme est Française.

— Pas possible !

— Je te l'assure.

— Je n'y croirai jamais.

— Tu croiras, au contraire.

« Ecoute : »

Dieu sait si le zouave écoutait.

— Je l'ai trouvée, dit Mehemet, avec le trésor ; c'est la femme du Coupeur de Têtes.

« Akmet l'avait enlevée.

« Imagine-toi que le kodja du roi du désert l'avait enfermée dans le caveau ; je l'y ai trouvée presque morte et l'ai emportée.

— Et elle t'aime ?

— Je n'en sais rien.

« Je le lui demanderai ce soir.

— Si elle dit non ?

— Je dirai oui, moi.

— Elle résistera.

— On ne me résiste pas.

— Bravo !

Et versant encore :

— Buvons !

Mehemet ne refusait pas.

Le zouave en savait assez, du reste sa curiosité s'émoussait ; il dodelinait de la tête, le vin d'Espagne agissait sur lui ; il était plus ivre que Mehemet.

— Ah ! mon ami, fit le zouave assoupi, quelle bonne partie nous avons faite.

« Mais je tombe de sommeil.

« Ce vin d'Espagne me foudroie.

« Je vais dormir comme un sourd.

« Bonsoir ! »

Le zouave se leva titubant.

— Encore un coup ! fit-il.

Il prit une bouteille.

— Tu vas t'enivrer tout à fait, dit Mehemet qui avait quelques lueurs de raison.

— Tant pis.

Et il but et tomba roide.

Mehemet murmura :

— Tant mieux !

« J'avais hâte de voir ma prisonnière. »

Et il appela ses esclaves :

— Enlevez le kalifat, dit-il en montrant l'ivrogne, et portez-le chez lui.

Mais un domestique du zouave intervint :

— Sidna, dit-il, ne fais pas cela. On pourrait voir tes domestiques transporter mon maître dans les rues ; on dirait qu'il est ivre. Il y aurait scandale. Du reste, il va dormir sans s'éveiller jusqu'à demain.

— Qu'il reste ! fit Mehemet.

Et il congédia tout le monde.

Resté seul (le zouave inerte ne comptait plus), il entra dans l'appartement de la marquise, qu'il trouva endormie sur un sofa.

Elle avait foi en son sauveur...

II

Les trois chaoucks.

Le vin a des effets divers selon les tempéraments sur lesquels il agit.

Les uns sont alourdis par l'ivresse; d'autres sont violemment surexcités par elle.

Tels sont les Arabes.

Mehemet, la tête en feu, le cœur gonflé par les désirs, la poitrine embrasée, pénétrait dans la chambre de la marquise, déterminé à ne s'arrêter devant aucune considération; il en était arrivé à ce degré d'exaltation où l'on foule aux pieds tout obstacle, où même l'obstacle ne s'aperçoit plus.

Ce jeune homme avait vu souvent la jeune femme se promener le soir sous les palmiers du ksour; il l'avait admirée, mais sans espoir.

Comment, lui, fils de chaouck, eût-il pu élever sa pensée jusqu'à la femme, — la maîtresse, — d'Akmet le chef redouté, tout-puissant, terrible!

Mais voilà que, par suite d'un bizarre enchaînement de circonstances, cette femme était en son pouvoir; il était devenu riche; il pouvait à son tour commander, acheter des palais et des esclaves, équiper une smala, devenir un cheik, un grand seigneur, un maître !

Et voilà que rien ne se trouvait entre lui et celle qu'il eût tremblé d'aimer quelques jours auparavant; non, rien qu'une bien faible barrière, la volonté de cette femme; barrière qu'on brise...

En voyant Mehemet l'œil brûlant, la face bouleversée, l'air égaré, la jeune femme se leva, pressentant quelque malheur et cherchant à lire dans le regard du jeune homme qui demeura un instant immobile.

— Qu'avez-vous ? demanda-t-elle.

Il la regarda presque avec férocité et ne répondit pas d'abord; il ne savait que dire.

Avec la stupidité des gens ivres, il alla brutalement à son but.

La main frémissante, étendue, il s'avança vers la jeune femme et voulut la saisir.

— Que voulez-vous donc ? misérable ! s'écria-t-elle ; retirez vous ; vous êtes ivre de hatchis.

La marquise supposait qu'il avait fumé cette substance elle ignorait qu'il avait bu.

Souvent, certains Arabes se procurent des hallucinations avec la graine de chènevis et de l'opium mêlées que l'on pile et que l'on fume ensuite.

Mehemet, au lieu de combiner la poursuite, s'assit, mit un moment sa tête dans ses mains et fit un effort pour rassembler ses idées.

Quand il en tint le fil, il se fit en lui une révolution subite; debout, presqu'inspiré, il dit poétiquement à la jeune femme qui se tenait à distance :

— Ecoute, la Française, écoute-moi.

« Le vin d'Espagne alourdit ma langue et brouille les pensées de mon cerveau ; mais je sais ce que je veux, et je vais te le dire.

« Ce que je veux, c'est toi.

« Toi, avec ta taille d'abeille.

« Toi, avec tes hanches harmonieuses qui ressemblent à la croupe d'une belle jument.

« Toi, avec tes yeux de gazelle.

« Toi, avec ta bouche vermeille, ta bouche que l'on prendrait pour une arbouse mûre, appelant les lèvres gourmandes.

« Toi, avec tes longs cheveux, crinière de lion sur un corps de jolie femme.

« Toi, avec ton front pur, ton regard pénétrant, ton sein rebondi aux voluptueux contours.

« Oui, je te veux.

« Je suis riche.

« Nous irons vivre ensemble au pays des rêves, en Orient, là-bas, vers l'Arabie.

« Je t'entourerai de luxe et de plaisirs; ta vie sera un parfum.

« Tout ce que tu souhaiteras, tu l'auras.

« Point de sultane heureuse comme toi.

« Je veux te montrer mes trésors, viens.

La jeune femme, malgré ce qu'il y avait de menaçant dans sa position, avait écouté, surprise, cette bizarre déclaration d'amour, empreinte d'une poésie sauvage; elle se demandait comment cet indigène, d'une classe inférieure, pouvait trouver un pareil jet de pensées.

Mais quand Mehemet voulut l'emmener, elle revint à sa situation, et le repoussa :

— Le Coupeur de Têtes, lui dit-elle, m'a confiée à toi; est-ce ainsi que tu lui es fidèle ?

— Ah ! fit Mehemet en riant, le Coupeur de Têtes ! Il ne sait guère qui je suis, où je suis et ce que je fais. Il ne m'a jamais vu, le Coupeur de Têtes.

« Je venais voler le trésor.

« Je t'ai vue.

« Je t'ai prise comme un second, comme un plus précieux trésor que l'autre.

« Pour toi, j'ai abandonné dans la cachette ton poids d'or et de pierreries.

« Mais, viens, viens, il faut que tu voies qu'un sultan ne pourrait mieux que moi satisfaire tes caprices; viens voir mes diamants, mes perles et mes rubis.

— Je ne sortirai pas d'ici, s'écria la marquise; tu es un misérable; je ne t'appartiendrai jamais.

Mehemet eut un rire strident.

— Jamais ! répétait-il entre deux hoquets; la petite Française est drôle en disant jamais.

« Moi je dis : de suite.

Et il la pourchassa.

Elle l'évita pendant quelques instants.

— Ah ! fit-il, c'est ainsi.

Il défit son burnous, l'étendit comme eût fait un pêcheur d'un filet, et s'apprêta à le lancer sur la jeune femme qui épiait tous ses mouvements.

Tout à coup elle se baissa, prit à sa jarretière, par un mouvement brusque, un stylet qu'elle y avait caché, et attendit ainsi recourbée sur elle-même.

Il ne lui vit pas l'arme en main.

— Elle est gentille comme ça, murmura-t-il, en s'approchant doucement, le burnous étendu.

« On dirait d'une perdrix qui se rase en voyant le milan planer sur elle.

— Dis d'une panthère qui va bondir, imbécile ! s'écria la jeune femme avec rage.

Et elle s'élança.

Ce fut un choc violent qui arracha le burnous aux mains de Mehemet, qui renversa le jeune homme et le coucha sur le parquet, étendu dans une mare de sang.

Il fit quelques mouvements.

Elle lui mit le genou sur la poitrine, et implacable, irritée, féroce, elle lui planta son stylet dans la gorge avec une force telle que la pointe s'engagea et que l'homme fut cloué au plancher.

Alors elle se releva.

Elle regarda ce mort avec dédain

— Voilà, dit-elle, ce que j'aurais dû faire d'Akmet, ce que j'en ferai peut-être.

En ce moment la porte de la chambre, que Mehemet avait fermée, fut ébranlée par une pression violente et un homme parut sur le seuil.

C'était le zouave.

La marquise, à sa vue, se jeta sur le stylet, l'arracha de la plaie, et s'écria :

— Si vous avancez, je vous tue.

— Corbleu, pas de bêtises, madame la marquise, s'écria le nouveau venu.

« Reconnaissez-moi.

« Vous m'avez vu sur le vapeur qui a été brûlé entre Marseille et Oran.

« Je suis le mari de votre négresse Lisa que j'ai sauvée, et je venais vous porter secours. »

Le zouave était aussi tranquille, à part une certaine enluminure de face, que s'il n'eût pas vidé plusieurs fioles de vin d'Espagne.

Il vit le corps et le sang.

— Voilà une mort embarrassante, fit-il ; je faisais mine d'être ivre-mort là, attendant le moment où vous appelleriez à l'aide ; mais l'homme est tué ; diable de diable, c'est embêtant.

« Que va dire le vieux marabout ? »

La marquise, défiante, écoutait à distance ce que disait le zouave.

Celui-ci comprit qu'elle n'avait pas foi en lui et qu'elle ne le reconnaissait pas.

— Madame, lui dit-il, demeurez là une seconde ; je vais vous amener Lisa.

Il sortit.

Quelques instants après, Lisa toute joyeuse accourait et sautait au cou de son ancienne maîtresse.

— Là ! vous me croirez maintenant ! fit le zouave ; vous m'écouterez !

— Oui ! s'écria la marquise.

« Et vous me sauverez ?

— J'y compte bien.

— Mais comment êtes-vous ici ?

Le zouave conta laconiquement ses aventures.

— Vous allez pouvoir obtenir de votre chef qu'il me fasse gagner une ville française ? demanda la jeune femme au comble de la joie.

— C'est probable :

« Mais auparavant, j'ai une petite opération à faire ; le mort que voilà laisse un héritage.

— C'est vrai.

« Il parlait de trésor.

— Or, j'étais son meilleur ami, je ne lui connais aucun parent, je dois supposer qu'il aurait fait un testament en ma faveur ; conséquemment je m'empare de ses biens.

« Part à deux, madame la marquise. »

La jeune femme écoutait cela distraitement ; peu lui importait l'argent ; elle était enfin délivrée !

Le zouave la laissa en tête-à-tête avec Lisa qui comblait la marquise de caresses ; il bourra ses poches de pierreries, et en cacha le plus qu'il put dans les plis de son burnous ; il ne laissa que quelques cent mille francs en valeur dans le coffret de Mehemet ; à ce sujet il avait son idée.

Avant de gagner sa maison, il dit à la marquise :

— Rappelez-vous que c'est moi qui ai tué Mehemet ; sauf cela, si l'on vous interroge, racontez toute la vérité et ne vous inquiétez pas du reste.

— Mais! fit la marquise, il va vous arriver mille embarras pour ce meurtre !

— Ne vous en inquiétez pas.

Et le zouave courut mettre le trésor en sûreté ; puis il s'achemina vers la casbah du marabout.

— Préviens ton maître! dit le zouave au chaouck, que j'ai à lui parler.

— Le sidna (seigneur) dort, se permit de faire observer le chaouck.

Le zouave lui saisit l'oreille et lui dit, le doigt sous le nez, prêt à chiquenauder :

— Mon garçon, tu as trop souvent des douros qui sentent l'épicerie pour ne pas m'obéir quand je commande : va réveiller le marabout ; sinon tout le ksour saurait que la vieille... tu sais... la femme du Mozabite...

Le jeune homme dégagea son oreille, et courut prévenir son maître endormi.

Le vieillard reçut aussitôt son kalifat (lieutenant) français dans sa chambre.

— Entre, entre, dit-il.

« Tu viens me conter sans doute le secret de l'étranger, n'est-ce pas, cadour (cher) ?

— Oui, sidi, oui.

— Il a parlé ?

— Certainement.

— J'en étais sûr.

« J'ai fait prier mon ami Bandjoue de faire avaler du vin à une négresse qui nous a raconté des choses à mourir de rire.

« J'étais sûr, après cette expérience, que tu réussirais.

« Et qu'a-t-il dit, ce chef?

— Ce n'était pas un chef.

— Ah bah!

— Non, c'était le fils du chaouck d'Akmet.

— Tu dis c'était.

— Sans doute.

« Il n'est plus.

— Tu l'as tué?

— Oui, sidi.

« Il m'a proposé de t'assassiner; il avait apporté une grosse somme pour me corrompre.

« J'ai refusé.

— Il ne fallait pas le tuer.

« Moi seul ai ce droit.

— Alors il fallait me laisser assassiner?

— Comment!

« Il a voulu...

— Oui, sidi, voyant que je n'acceptais pas ses offres, il s'est senti compromis.

« Il a tiré un pistolet de sa ceinture pour me brûler la cervelle; mais il était gris.

« Moi, plus prompt, je l'ai poignardé.

— Tu as bien fait.

— Parbleu!

— Je vais lui faire couper la tête et les mains et les envoyer à Akmet.

— Bonne idée.

« A propos, l'argent, ou du moins les bijoux qu'il m'offrait sont chez lui.

« Je vais te les envoyer.

— Du tout.

« Garde-les, mon ami.

— Merci, sidi.

« Je puis m'aller coucher?

— Sans doute.

— Ah ! suis-je étourdi ! s'écria le zouave.

« Il y a une femme dans la maison du mort.

— La sienne ?

— Non.

« C'est une Française ; elle s'est jetée à mes pieds, m'a raconté une histoire assez longue que je n'ai pas eu le temps d'entendre.

« Ça paraît intéressant pourtant.

« Veux-tu que je t'amène cette femme ?

— Amène-la.

Le zouave alla chercher la marquise et lui fit sa leçon en chemin.

La jeune femme raconta son histoire.

— Tu es ma fille à partir de ce moment, dit le marabout ; j'aime trop le Coupeur de Têtes pour ne pas te protéger ; je te ferai parvenir à Laghouat.

« De là, tu gagneras sous escorte une redoute française, puis Alger ou Oran.

La marquise baisa les mains du vieillard, qui donna des ordres pour qu'on lui préparât un appartement dans la casbah.

Le zouave (1) s'en fut à la maison de Mehemet ; il se fit accompagner par un chaouck.

C'était ce petit drôle qui aimait tant les douros des vieilles Mozabites.

Un chaouck, en Algérie, n'a pas besoin de beaucoup de force brutale pour exercer sa profession ; il lui faut une adresse toute spéciale, acquise ou innée.

Le chaouck est l'agent de police, le planton, l'écuyer, le bourreau d'un chef.

Le bourreau surtout.

A ce titre, il administre les coups de bâton et coupe les têtes.

Pour donner les coups de bâton (matraque en arabe) il faut une certaine habitude de main ; il s'agit de faire tournoyer le

---

(1) Nous appelons l'attention du lecteur sur cet épisode qui est vrai dans ses plus petits détails, et empreint d'une couleur locale très-piquante.

matraque et d'obtenir la vigueur par l'élan imprimé vivement.

Pour couper la tête à un condamné il faut encore l'habitude et le coup d'œil.

Il s'agit de décrire un moulinet prompt et rapide; le yatagan s'abat sur un anneau de la colonne vertébrale, le sépare et coupe les chairs net.

La tête est séparée du tronc sans brutalité, sans mâchure... proprement.

Les chaoucks musulmans opèrent mieux que la guillotine.

Or, ce petit chaouck, qui aimait tant les douros des vieilles Mozabites, avait un talent justement célèbre pour les coups de matraques bien appliqués et les décollations bien faites.

De là, sa faveur.

— Mon garçon, lui dit le zouave, par ordre du maître, tu vas trancher la tête et le poignet au mort que nous allons trouver dans une case.

— Bien ! fit le jeune homme insoucieusement ; je vais prendre mon meilleur yatagan.

— Pour un mort ?

— Précisément.

« Le mort est plus difficile à décapiter que le vivant, noble kalifat.

— Je ne suis pas noble, fit le zouave ; ma mère vendait de la friture rue Saint-Antoine, là où la rue finit et où le faubourg commence.

— Honorable alors ; fit le chaouck en souriant. Tu es modeste, kalifat.

Le zouave sourit.

— On tient à être fils de ses œuvres, dit-il; mais passons là-dessus.

« Pourquoi un mort est-il plus difficile à décapiter qu'un vivant ?

— C'est bien simple.

« Le vivant a l'appréhension du sabre ; il gonfle son col, il a le sang à la tête ; nerfs, muscles, os, tout est roidi, résistant.

« Le tranchant coupe bien.

« Chez le mort, tout est mou, flasque ; le sabre frappe comme sur un oreiller.

« Il n'entame pas.

« Puis le vivant est droit, moi j'aime même à ce qu'il soit debout devant moi.

« Le mort a une posé bête, il faut un billot pour maintenir sa tête.

« Tu vois que j'ai raison de prendre mon meilleur yatagan ; la précaution n'est pas inutile.

— A quoi bon tant d'art ?

« Il suffit que la tête soit coupée.

— Allons donc ! fit le chaouck.

« Qu'est-ce que dirait Akmet, que penserait-t-il de moi si j'*abîmais* le col?

« Ma réputation serait perdue.

— Fichtre ! pensa le zouave.

« Une réputation à un chaouck. »

Et il en pouffait de rire !

Ce qui piqua le chaouck.

— Tu ris ! s'écria celui-ci, tu ris ! Tu ne sais donc pas qu'au Sahara nul n'a une main qui vaille ma main, un œil qui vaille mon œil.

« Ecoute ceci (historique) :

« Un jour, le sultan de Fez eut besoin d'un chaouck et le fit savoir.

« De tous les coins du Magreb (États barbaresques), il vint des concurrents.

« Un jeudi, jour fixé pour les épreuves, tous les prétendants arrivèrent, mais trois seulement osèrent entrer en lice ; les autres reconnaissaient leur infériorité.

« Le sultan était sur son pliant, devant sa tente, avec sa cour autour de lui.

« On amena trois nègres.

« Le premier chaouck en prit un, lui coupa la tête d'un seul coup si proprement que sa lame ne garda pas trace du sang.

« — Bien, fit le sultan ; je suis content de toi ; tu seras mon chaouck attitré.

« Mais les autres réclamèrent.

« — Quoi, fit le sultan, vous prétendez faire mieux ! Prenez garde à vos têtes.

« Si vous n'êtes pas plus habiles on vous coupera le cou, car je ne veux pas perdre mon temps.

— Nous risquons nos têtes, dirent les chaoucks avec assurance.

« L'un d'eux prit un noir, lui enleva la tête d'un coup aussi, mais il la reçut sur la lame de son sabre et la présenta au sultan.

« — Oh ! fit celui-ci émerveillé, voilà qui est mieux, voilà qui est superbe.

« Je te prends.

« — Pardon, observa le dernier chaouck, un Turc de la grande école, pardon, noble seigneur, je proteste et veux mon tour aussi.

— Va, dit le sultan, essaye ; mais quant à être plus habile, c'est impossible.

« Qu'on se prépare à l'exécuter s'il m'a fait demeurer ici en vain.

« Le vieux chaouck ne dit rien ; il souriait avec la tranquillité d'un homme sûr de son fait ; il sentait sa valeur, cet homme !

« Il prit le troisième nègre, lui dressa bien la tête au lieu de la lui faire plier et fit son moulinet ; mais on ne vit pas le sabre toucher le patient.

« La tête resta sur ses épaules.

« Le nègre semblait attendre.

« Chacun, étonné, regardait le chaouck qui avait remis son sabre à sa ceinture.

« — Eh bien ! fit le sultan.

« — Eh bien ! respectable sidna ! demanda le chaouck trèscalme et impassible.

« — Tu ne tues pas cet homme ! s'écria le sultan ; tu as peur, tu renonces à l'épreuve ?

« — Il est mort ! fit le chaouck.

« Au même moment le nègre roulait sur le sol ; sa tête allait à dix pas du tronc.

« Il était resté debout, sa tête était demeurée coupée sur ses épaules ; il venait seulement de tomber à terre...

« Il y eut des tonnerres de bravos.

« Le sultan embrassa le chaouck et, l'appelant son fils, il fit sa fortune. »

Le zouave avait écouté cette histoire avec l'intérêt qu'elle méritait; mais il ne saisissait pas bien la conclusion qu'on en pouvait tirer.

— Mon garçon, dit-il, je ne saurais refuser mon admiration au troisième chaouck; mais ce chaouck ce n'était pas toi, n'est-ce pas?

— Non.

« C'était mon grand-père. »

Le zouave s'inclina.

— Tel père, tel fils, dit-il.

« Si le proverbe est vrai, vous n'avez pas dégénéré, mon cher ami. »

On arrivait à la maison.

Le chaouck examina le corps, le fit virer, pria le zouave de le tenir debout par la mèche de cheveux tressée que porte tout bon musulman au sommet du crâne, et gracieusement, légèrement décapita le corps.

Après quoi il prit nonchalamment la main par le bout du petit doigt et sans daigner ajuster son coup fit sauter le poignet.

— Vrai ! s'exclama le zouave, jeune homme, vous avez un joli talent.

Le chaouck se redressa sous le compliment; il rougit même un peu.

Ce jeune homme avait une certaine modestie (1).

Tête et poignet furent envoyés à Akmet par un exprès qui partit après avoir enduit de miel ces tristes preuves de la mort de Mehemet.

En sortant de la maison, le zouave n'oublia pas les bijoux qu'il y avait laissés la première fois.

(1) Toute cette scène est scrupuleusement historique, nous l'avons tirée du manuscrit de notes authentiques que nous a léguées la famille du héros de notre drame.

III

Fatale nouvelle.

Le lendemain, la marquise était prête à partir pour se diriger sur Laghouat.

Le zouave, avec deux cents cavaliers, devait escorter la jeune femme.

Elle était radieuse.

Lisa avait voulu accompagner son ancienne maîtresse; il est vrai que le zouave eût poussé la négresse à le faire si l'idée ne lui en fût pas venue; il avait un plan et voulait emmener sa femme.

Il chevauchait près de la marquise.

— Vous êtes vraiment bien bon, lui dit celle-ci, d'entreprendre un long voyage pour me conduire à une redoute française; je vous en sais gré.

— Oh! fit le zouave, ne me complimentez pas; j'avais absolument besoin de vous suivre.

— Pourquoi ?

— Pour mettre ma fortune, — dont moitié vous revient, — en sûreté sur le territoire français.

— Comment, fit la marquise, la moitié de votre fortune est à moi !

— Certainement.

« Ne l'avons-nous pas trouvée ensemble ? »

La marquise se souvint.

— Ah ! fit-elle, c'est vrai.

« Mais je vous laisse tout cela ; je ne veux pas accepter votre offre. »

Le zouave insista.

Le jeune femme fut inébranlable.

— Allons ! fit le zouave ; il faut céder, je garderai tout, mais c'était offert de bon cœur.

On fit cinq lieues.

Le zouave en prenait à son aise ; il ne voulait pas se hâter et forcer la marche.

— Voici un joli ravin, dit-il, on y trouve un peu d'ombre ; c'est trop rare au désert pour qu'on dédaigne cette bonne aubaine : faisons halte.

— J'ai si peur de tomber aux mains d'Akmet, dit la marquise, que je voudrais aller à Laghouat d'une traite ; le roi du désert peut envoyer des partis contre le marabout d'Aïn-Meddy, et nous serions perdus si nous en rencontrions un sur notre route.

— Madame, dit le zouave, on voit à longue distance au Sahara, vingt et trente lieues.

« Avec cette avance, avec nos mahara qui sont des plus fins, nous ne serons jamais pris.

« Du reste, j'ai plusieurs millions de valeurs à sauver et j'y tiens ; je serai aussi prudent qu'il faut l'être, tenez-le pour certain. »

On disposa le camp ; il y avait deux heures de repos à prendre.

Chacun dressa un abri, des burnous, ou des tentes avec des ceintures déployées.

Les mahara restaient sellés.

On prit le café.

Comme on allait boire, les vedettes signalèrent une vingtaine d'hommes à l'horizon ; la marquise se prit à trembler follement.

— Eh ! fit le zouave, vingt hommes ou trente ou cent, ne peuvent pas grand'chose contre nous, on en ferait une bouchée, tranquillisez-vous.

On se remit en route et l'on marcha dans le sens du petit détachement qui apparaissait au loin ; en apercevant si peu de monde la marquise finit par se rassurer ; peu à peu on distingua les piétons qui marchaient sur Aïn-Méddy.

Ils semblaient exténués.

C'étaient des gens de basse classe, mais tous armés et bien armés.

Le zouave leur envoya une avant-garde qui les lui amena en croupe des mahara.

— Qui êtes-vous ? demanda-t-il.

— Des pauvres diables ! répondirent les voyageurs ; nous fuyons Akmet et sa colère.

— D'où venez-vous ?

— Du ksour du roi du désert.

— Qu'est-il donc arrivé par là ?

— Les chasseurs du Coupeur de Têtes avaient pris la ville ; nous autres, esclaves des Sahariens ou misérables fellahs, avons pris parti pour les chasseurs d'autruches.

« On a été vainqueur d'Akmet, puis vaincu par lui, puis le ksour fut enlevé.

« Le Coupeur de Têtes et les siens ont été massacrés sans doute ; on nous a même annoncé que la tête de Raoul-el-Lavery avait été exposée sur la porte du ksour.

— Qui a dit cela ?

— Moi ! fit une voix.

C'était un Mozabite qui parlait.

— J'ai vu des cavaliers qui m'ont affirmé que Raoul-el-Lavery avait été pris et décapité ; ces cavaliers sont dignes de foi.

La marquise s'était évanouie...

IV

Une mâle résolution.

Lisa s'empressa auprès de la marquise et la rappela à la vie ; la jeune femme ouvrit les yeux, revit les messagers de la mauvaise nouvelle, poussa un cri désespéré et saisit un poignard avec un geste égaré.

Lisa lui arracha son arme des mains.

Le zouave comprit que la jeune femme profiterait de la première occasion pour se suicider ; elle avait le visage pâle, l'œil sanglant, les lèvres livides, les mains crispées par une indicible émotion ; elle subissait une de ces crises qui donnent le délire et poussent les plus sages, quand ils les subissent, à se briser la tête aux murs.

— Madame, dit le zouave à la jeune femme, votre intention est de vous tuer.

« Selon moi, vous avez raison.

— Alors, fit-elle farouche, donnez-moi une arme et laissez-moi agir.

— Pardon ! fit le zouave.

Et il écarta la main de la jeune femme qui cherchait à atteindre un pistolet à sa ceinture.

— Quand on en arrive à se brûler la cervelle, il faut, madame, bien réfléchir, être de sang-froid; sans quoi l'on se manque.

« Vous vous feriez peut-être, en ce moment, une blessure atroce, mais non mortelle.

« De plus, vous êtes en proie à une fièvre de regret qui vous égare.

« Dans une heure, je vous jure que je vous donnerai mon pistolet si vous me le demandez encore; car alors vous aurez pu vous calmer, vous saurez ce que vous faites et je n'hésiterai plus à vous laisser libre.

— Soit ! fit-elle.

« Attendons.

— En route, ordonna le zouave.

Et il fit lever le camp.

Avant de prendre la tête de la caravane, il fit promettre à la jeune femme d'attendre le délai fixé; elle le jura.

Mais elle était déjà préoccupée par quelque sombre projet, car elle demanda à ce qu'on la laissât seule à l'arrière-garde.

— Deux hommes se tiendront à vingt pas de vous! dit le zouave.

« Ils ne gèneront pas vos rêveries.

— Soit ! fit la marquise.

La caravane s'ébranla, le zouave et Lisa en tête du convoi.

Lisa, à chaque instant, se retournait pour examiner la contenance de la marquise qui semblait abîmée dans ses réflexions.

— Ne crains rien, dit le zouave, la femme est une soupe au lait.

« Ça s'enlève comme une plume, ça monte, ça monte, puis ça retombe comme un plomb; dans une heure elle voudra vivre.

L'heure s'écoula et le zouave railleur put regarder Lisa en souriant.

— Elle ne réclame pas mon pistolet, tu vois! fit-il en tortillant sa moustache.

« Voilà les femmes !

« Ça jure d'aimer, de mourir avec vous, de vous être fidèle à se coucher près de vous dans la tombe; on en voit même tenir parole au premier moment ; c'est rare, mais il y en a quelques-unes.

« Qu'une heure passe sur ce grand désespoir et le voilà apaisé.

« Qu'un mois s'écoule et l'on aime un autre homme ; le mort est oublié. »

Piquant des deux il courut à la marquise :

— Madame, lui dit-il, un galant homme n'a que sa parole.

« Je viens vous apporter mon pistolet. »

La marquise leva les yeux qu'elle tenait baissés, regarda le zouave d'un air singulier, repoussa l'arme qu'il lui tendait et dit :

— Merci, monsieur.

« Vous aviez raison ; la réflexion a changé le cours de mes idées et m'a rappelé que le suicide était un crime que la religion réprouve.

« Je ne veux plus mourir. »

Le zouave fut indigné de cette faiblesse et de la couleur religieuse que lui donnait la jeune femme; il cacha son mépris sous cette phrase :

— Voilà qui fait honneur à votre bon sens, madame, je suis ravi de vous voir si raisonnable ; permettez-moi de vous envoyer Lisa maintenant.

— Non, dit la marquise.

« Je souhaite rester seule avec ma douleur.

— A votre volonté, madame.

Le zouave salua froidement et il s'éloigna vers l'avant-garde.

Le soir, au bivac, la marquise le fit demander sous sa tente.

— Monsieur, lui dit-elle, je désirerais écrire ; est-ce possible ici ?

— Oui, madame.

Le zouave fit apporter un roseau taillé et du parchemin indigène.

— Voilà ! dit-il.

« Le bec de cette plume arabe est gros ; mais le parchemin est long.

— Asseyez-vous, je vous prie, fit la marquise. Je vais vous demander tout à l'heure un nouveau service, monsieur.

Le zouave se plaça sur une natte.

— Que diable va-t-elle faire ! pensait-il. Pour qui et pourquoi cette lettre.

Il attendit impatient.

La jeune femme écrivait.

Elle semblait impassible, sa main était ferme, sa contenance paraissait assurée.

— Bigre ! se dit le zouave, voilà une maîtresse femme, ou je ne m'y connais pas.

« Elle a pris quelque résolution énergique et peut-être veut-elle mourir.

« Le coup de pistolet ne lui aura pas plu, c'est brutal et ça défigure.

« Elle fait son testament.

« Elle va ensuite me demander de l'opium ou quelque poison du désert. »

La marquise terminait.

— Monsieur, dit-elle, comment vais-je sceller ce parchemin, je vous prie ?

— Pliez-le, madame, je me chargerai du soin de le cacheter devant vous.

Le zouave fit mander son interprète, auquel il ordonna de faire venir de la cire arabe pour sceller une missive.

La marquise fit son pli et le remit au zouave qui le ferma et le cacheta.

— Et maintenant ? demanda-t-il.

— Je désire envoyer ceci au roi du désert ; tel est le service que j'attends de vous.

— A Akmet ! exclama le zouave.

— Oui, monsieur.

« Est-ce impossible ?

— Pas le moins du monde.

« Il sera fait comme vous le souhaitez ; le courrier partira cette nuit. »

Le zouave emporta le pli.

— Monsieur, recommanda la jeune femme, je puis compter qu'il arrivera ?

— Oui, madame.

Et sur le pas de la porte :
— Y a-t-il une réponse ?
— Sans doute.
— Où la recevra-t-on ?
— Le courrier l'apportera à Laghouat.
— Très-bien !

La porte de la tente retomba sur la marquise qui demeura seule.

— Mon Dieu, murmura-t-elle, c'est odieux ce que je vais faire là ; mais Raoul est mort ; peu lui importe maintenant que le corps de celle qu'il aimait soit à l'un ou à l'autre.

« La mort brise certains liens ; je me sens libre de mes actes à cette heure.

« Et puis la fatalité me pousse. »

Elle s'accouda sur une table et longtemps elle songea ainsi.

— Il me croira, murmura-t-elle ; ma lettre a l'accent de la vérité.

« Comment douterait-il ? »

Puis avec crainte :
— S'il allait me mépriser !

Mais avec un sourire :
— Non !

« Il m'aimait trop pour me dédaigner ; il a fait tuer pour moi cinq ou six mille hommes, il a risqué sa vie, il eût tout donné pour me posséder, il ne saurait résister à mon appel... »

Cependant le zouave avait emporté le pli sous sa tente où Lisa l'attendait.

— Eh ! petite, fit-il en entrant.

Il montrait la lettre.

— Qu'est-ce ? fit-elle curieuse.

— Un message que ton ancienne maîtresse envoie au roi du désert.

— Que lui veut-elle ?

— Je ne sais.

« Mais ça me paraît curieux.

— Quel dommage qu'on ne puisse savoir, murmura Lisa ingénument.

2.

— On peut ! dit laconiquement le zouave ; il n'y a qu'à ouvrir la lettre.

— Mais c'est mal, ça.

— Au contraire, c'est bien.

Le zouave haussa les épaules.

— Nous sommes en guerre avec Akmet, dit-il ; toute dépêche envoyée à l'ennemi doit être décachetée et lue si elle est saisie.

« Voici une dépêche.

« Je la tiens.

« Je la lis.

« Ne suis-je pas le chef d'état-major du marabout d'Aïn-Meddy. »

Il avait adroitement disposé le cachet ; il put le faire sauter sans l'abîmer.

Il déplia le parchemin et lut :

« Au roi du désert :

« Quand une lionne veut choisir un lion, elle prend le plus fort et le plus courageux.

« La femme aime les vainqueurs.

« Raoul est tombé, Raoul n'a pas su me délivrer, Raoul est vaincu.

« Je ne saurais plus aimer qui se fait battre.

« Je t'ai haï ; mais loin de toi mon cœur a parlé et m'a dit qu'il t'aimait.

« Si tu me trouves digne d'être la reine du désert, si tes lèvres ne mentaient pas hier, envoie des cavaliers vers moi, demain.

« Je serai à Laghouat.

« Mais souviens-toi que je n'admire que les forts et ne veux pas rester la femme d'un vaincu ; si tu veux me garder fidèle et aimante, domine !

« ANNE-MARIE, marquise DE NUNEZ,

née duchesse DE BERGAME. »

La lettre tomba des mains du zouave.

— C'est une méchante femme, que ma maîtresse ! s'écria Lisa indignée.

— Tu ne t'y connais pas, dit le zouave; c'est une femme admirable, superbe, étonnante, mirobolante; une femme que je déclare épatante!

« Voilà un caractère! »

Il recacheta la lettre et appela un planton :

— Appelle Yousef! lui dit-il.

Un Saharien se présenta :

— Tu vas prendre l'anaya des parlementaires, lui dit-il, tu scelleras ton mahari, et tu porteras cette lettre au roi du désert.

« Réponse à Laghouat. »

Le courrier partit emportant le pli.

V

Le siége.

Le détachement de fuyards rencontré par la caravane avait conté les détails de la prise du ksour par l'armée d'Akmet, il avait menti.

Nous allons voir ce qui s'était passé.

Akmet disposait de quarante mille hommes que les chasseurs eussent peut-être arrêtés; mais il avait de plus vingt canons, fournis par le Maroc.

Akmet avait appris l'art d'assiéger les places; il avait, du reste, embauché au Maroc une centaine de canonniers renégats, espagnols pour la plupart, gens de sac et de corde, habiles et braves.

Il voulut d'abord tenter un assaut de vive force; mais les coups de mitraille dont les assiégés couvrirent ses troupes le firent changer de résolution; en quelques minutes, il avait perdu des centaines de soldats.

Il se décida à battre en brèche.

Pendant la nuit, un millier d'indigènes creusèrent une tranchée d'abri; la nuit suivante, deux batteries de dix pièces furent élevées à six cents mètres de la ville, battant les remparts de plein fouet.

Ces batteries étaient solidement montées avec des palmiers coupés, entassés et reliés entre eux; des talus de sable amortissaient le choc des projectiles.

Les artilleurs d'Akmet avaient, en outre, couvert leurs pièces par des blindages faits de solides troncs d'arbres; sous leur protection, ils manœuvraient à l'abri des boulets de la place.

Des officiers français, qui visitèrent plus tard ces deux batteries, ont affirmé que notre génie n'aurait pas pu faire mieux que ces ouvrages.

Cet Akmet avait organisé son artillerie avec plus de soin et de science qu'Abd-el-Kader.

Le bombardement commença.

Dans la place, les chasseurs avaient amené contre la batterie cinq de leurs pièces; il leur était impossible de dégarnir complétement les autres points de l'enceinte; l'assaut eût été trop facile.

Pendant toute la journée ils ripostèrent; mais ils avaient une infériorité visible; leurs boulets entamaient à peine les batteries de l'ennemi, dont les projectiles démolissaient les murailles du ksour; il fut bientôt évident que la brèche serait ouverte avant peu.

Les chasseurs, décimés par le feu des canons d'Akmet, se montraient intrépides; mais ils ne se dissimulaient pas qu'avant peu la place succomberait; il fallait prendre un parti.

Raoul assembla le conseil de guerre.

— Camarades, dit-il aux chefs de bandes, nous ne pensions pas que cet Akmet avait tant d'artillerie; il a vingt pièces en lignes; lui résister me paraît tout à fait impossible.

« Qu'en dites-vous?

— C'est vrai! firent les chefs.

— Il n'y aurait qu'une ressource, reprit Raoul; il faudrait enclouer les canons.

— C'est notre seule chance de salut! observa l'un des chasseurs.

— Oh! l'unique, fit Raoul en souriant, je ne le pense pas, moi!

— Mais nous sommes cernés.

— Qu'importe!

« On trouvera toujours un moyen de s'évader ; nous sommes trois cents, après tout.

« Pour l'instant, il s'agit de défendre le ksour le plus longtemps possible ; car notre honneur est attaché à faire faire u[n] beau siége.

« Je propose une sortie.

— Accepté ! s'écrièrent les chefs.

— Je prendrai cent hommes, dit Raoul ; ils seront muni[s] d'un marteau et de clous ; nous nous jetterons sur les batte[-]ries et nous les enclouerons ; puis nous opérerons notre re[-]traite.

« Deux cents hommes en réserve nous dégageront par un[e] charge lorsque nous opérerons notre retour ; il faut que l'o[-]pération soit bien et vigoureusement menée et qu'elle prenn[e] peu de temps.

— Ceci est bien, sauf un point, dit un chef ; tu ne peux commander la sortie ?

— Pourquoi ?

— Parce que le commandant d'une place n'a pas le dro[it] de la quitter.

— C'est vrai, dit Raoul.

— Choisis un chef.

— Prenez Tête-de-Fer ! dit le Coupeur de Têtes ; il me sem[-]ble capable de conduire vivement cette attaque.

« C'est un homme remarquable.

« Qu'en pensez-vous ?

— Ça va !

— Qu'on l'appelle ! dit Raoul.

Tête-de-Fer, qui devait plus tard faire massacrer une colonn[e] française commandée par Beauprêtre, était vraiment un typ[e] étrange.

D'où venait-il ?

On ne savait.

Qui était-il ?

On l'ignorait.

Il parlait le français, l'espagnol, l'italien, l'arabe sans ac[-]cent.

On ne pouvait lui assigner une nationalité ; il n'avait aucune religion.

Il était circoncis; mais à coup sûr il n'était ni juif ni mahométan.

Chrétien, encore moins.

Il ne voulait subir aucun joug, et il était épris de l'indépendance la plus large; vivre en commun lui était chose odieuse et impossible.

C'était un grand garçon sombre, noir de cheveux, noir de peau, quoiqu'il ne fût ni nègre ni mulâtre; noir de costume et noir de caractère; il fuyait les hommes, il eût fui les choses si c'eût été possible.

Il était épris de solitude.

Il n'aimait que le désert, s'il l'aimait; car il paraissait incapable d'aimer quoi que ce fût. Il n'avait même pas de chiens.

Il n'avait jamais voulu faire partie d'une bande; il chassait seul.

Jamais il ne quittait le Sahara.

Il parlait rarement aux chasseurs qu'il rencontrait, mais il les accueillait bien.

On pouvait compter sur lui.

Un jour, il recueillit un de ses confrères blessé par des Touareggs; il se fit donner des renseignements, partit en expédition, et revint avec les sept têtes des assassins qu'il avait coupées.

C'est ainsi qu'il vengeait bravement les membres de sa corporation.

Quand une bande avait un méfait à punir, on voyait Tête-de-Fer accourir; il se joignait à elle, tuait le plus d'ennemis possible, et, l'expédition finie, disparaissait.

Il avait vu passer la petite armée de Raoul, avait pris rang et ne l'avait plus quittée; mais, taciturne, il ne disait mot à personne.

Il se faisait donner de temps à autre quelque périlleuse mission pour prendre part aux travaux de tous; mais il ne voulait pas faire faction; en revanche, il était *buisson vivant*, courrier ou *chouaf* (espion), chaque fois que l'occasion s'en présentait.

Il mangeait à la première gamelle venue sans qu'on s'en formalisât.

En un mot, c'était un être à part.

Il s'appelait *Tête-de-Fer*, parce qu'un jour un yatagan, s'abattant sur son crâne, fut brisé dans la main de l'Arabe qui portait le coup; sans doute la lame avait touché à faux sur l'os frontal.

Ses compagnons ne lui en donnèrent pas moins ce surnom, sous lequel il fut connu en Algérie et y est resté fameux pour les soldats et les colons.

Il vint au conseil.

— Tête-de-Fer, lui demanda Raoul, veux-tu commander une sortie ?

— Oui ! dit-il.

« Mais à une condition.

— Laquelle ?

— Chaque homme que j'aurai sous mes ordres aura trente jours de vivres dans un sac avec lui; toute sa poudre et ses balles.

— Il ne s'agit que d'enclouer les batteries des assiégeants, dit Raoul.

— Je le sais.

« Mais j'exige les trente jours de vivres; c'est à prendre ou à laisser.

— Soit ! dit Raoul.

— Tu me donneras le droit de faire tout à ma volonté, n'est-ce pas ?

— Sans doute.

— Alors compte sur moi.

— Tu sais qu'avec deux cents hommes j'attends ton retour, fit Raoul.

— C'est inutile.

— Comment dis-tu ?

— Inutile.

— Mais...

— Inutile.

Et le laconique personnage tourna les talons, laissant les chasseurs ébahis.

— C'est drôle, ça ! fit un chef.

— Il est toqué ! fit un autre.

— Non, dit Raoul.

« Il doit avoir une idée; fions-nous à lui et laissons-le agir à sa fantaisie.

— Il ne nous a jamais trompés, observaient plusieurs chefs ; c'est un garçon habile ; qu'il fasse à sa guise ; du reste, l'accompagnera qui voudra ; pour moi, je le suivrai avec ma bande.

— Moi aussi.

— Moi de même.

On trouva plus de cent hommes.

— Très-bien ! dit Raoul.

« Que les chefs qui doivent l'accompagner se mettent à sa disposition. »

Le conseil de guerre fut levé.

Vers minuit, une centaine de chasseurs étaient assemblés dans le fossé du ksour ; Tête-de-Fer était devant eux, sabre au poing.

— Qu'est-ce que c'est que ça ? demanda-t-il à voix basse, voyant un marteau à un chasseur.

— C'est un outil pour l'enclouement des canons, répondit celui-ci.

— Jette-le ! dit Tête-de-Fer.

— Mais...

— Jette, jette.

Et il passa devant tous ces hommes, vérifiant si leur musette était bourrée de galettes séchées, de riz et de beurre rance.

A tous il faisait quitter clous et marteaux, ce qui étonnait ces gens.

Quand il eut fini son inspection, il fit sortir son monde avec précaution.

— Je crierai : en avant ! quand il faudra s'élancer, avait-il dit.

Nous donnons tous les détails de cette sortie, car ce fut un des plus beaux faits d'armes de cette singulière campagne ; Tête-de-Fer eut certainement, cette nuit-là, un éclair de génie ; il est fâcheux que ses démêlés avec Beauprêtre en aient fait un ennemi de la France.

Les chasseurs rampèrent vers la batterie, et arrivèrent à quatre cents mètres sans être vus ; là, un poste donna l'alerte.

— En avant ! cria Tête-de-Fer.

Ses hommes et lui passèrent sur le ventre à tout ce qu'ils

rencontrèrent, et arrivèrent aux batteries qui se touchaient presque.

De la place, Raoul, avec le reste de son monde, suivait l'attaque du regard; il vit les chasseurs entrer dans les batteries, bâties en forme de redoutes fermées.

Quoique Tête-de-Fer eût proclamé l'inutilité de le secourir, Raoul se tenait prêt à s'élancer vers lui.

On suivait anxieusement les phases de la lutte, qui était chaude.

Les chasseurs s'étaient emparés des canons, avaient exterminé ceux qui les gardaient, et s'étaient établis à l'intérieur des deux forts.

Les ingénieurs d'Akmet, prévoyant une sortie, avaient eu soin de rendre les gorges (ou sortie des batteries) très-étroites, pour qu'elles fussent faciles à défendre.

Une fois au pouvoir des chasseurs, ces gorges étroites leur permettaient de tenir bon.

Avec leur bravoure ordinaire, les compagnons de Tête-de-Fer avaient brillamment enlevé les deux batteries; tous ceux qui se trouvaient dedans furent massacrés.

Aussitôt l'armée d'Akmet avait pris les armes, et s'était ruée vers les redoutes.

Les chasseurs s'y défendirent.

Raoul vit de nombreux détachements se glisser entre les batteries et la place, pour couper la retraite aux assaillants; il les fit mitrailler à outrance par ses cinq pièces et fusiller par ses hommes.

Tout à coup les canons de la redoute tonnèrent, prenant entre deux feux les Sahariens placés entre le ksour et les batteries.

Alors ce fut un massacre.

Les Arabes évacuèrent en toute hâte ce terrain, mais ils attendaient, embusqués, le moment où les chasseurs quitteraient les redoutes.

Ce moment tardait.

— Que font-ils? murmurait Raoul; les pièces devraient être enclouées.

Ce qu'ils faisaient?

Un trait superbe.

Par ordre de Tête-de-Fer, ils arrêtaient les assauts tumultueux qu'on leur donnait du côté du camp, assauts mal menés dans le premier moment de confusion.

Puis ils mettaient la moitié des canons en batterie vers le bivac des assiégeants, et les couvraient de projectiles écharpant des centaines d'hommes.

Voilà ce qu'ils faisaient.

Si bien que les Sahariens n'osèrent plus se ruer à l'assaut.

Si bien que les redoutes et leurs vingt canons étaient aux chasseurs.

Si bien que, dans l'espace resté vide d'ennemis, grâce aux feux croisés de la ville et des batteries, Tête-de-Fer envoya un exprès à Raoul, pour lui dire que la victoire était aux chasseurs, que la ville était couverte par deux forts avancés, et que le ksour se trouvait protégé admirablement à cette heure.

Il y eut consternation au camp d'Akmet, joie délirante en ville.

Les deux troupes de chasseurs échangèrent des hourrahs frénétiques.

Et c'est à cette heure que la marquise Anne-Marie de Nunez écrivait à Akmet qu'elle aimait les vainqueurs !

Les porteurs de la mauvaise nouvelle lui avaient menti.

Ces hommes étaient des partisans d'Akmet, qui l'avaient abandonné.

Rencontrant des gens du ksour d'Aïn-Meddy, craignant à bon droit d'être maltraités, ils avaient imaginé de se faire passer pour les alliés du Coupeur de Têtes, et pour justifier leur voyage à travers le Sahara, ils avaient inventé la fable de sa défaite.

Et Anne-Marie abandonnait celui qu'elle croyait vaincu...

Voilà qu'elle n'aimait que les forts, elle n'aimait que les vainqueurs, cette femme !

Ainsi, Akmet avait subi un échec.

Non-seulement il n'avait pas pris la ville, mais on lui avait pris ses canons.

Quand l'aube éclaira le champ de bataille, quand il vit ses nombreuses troupes tenues en échec par une poignée d'hommes, Akmet entra dans une fureur indescriptible; il fit trembler le camp.

Par son ordre, tous les artilleurs survivants au massacre fait par les chasseurs furent amenés devant lui, avec eux leur chef.

Celui-ci avait deux blessures.

Un chaouck attendait l'ordre du maître, le yatagan au poing.

Toute l'armée formait cercle autour du palmier sous lequel Akmet s'était assis; les guerriers écoutaient les sentences prononcées.

Au chef blessé, Akmet fit couper la tête.

Aux autres, il fit donner des coups de bâton, trancher les jarrets et crever les yeux, puis il ordonna qu'on les abandonnât ainsi.

— Voilà comment je traite les lâches! dit-il. Avis à ceux qui fuiraient encore.

Tous les guerriers frissonnèrent.

Cet exemple eut un double effet assez bizarre et contradictoire.

Cinq ou six mille guerriers abandonnèrent Akmet et regagnèrent leurs douars; de ceux-là étaient ceux qui avaient donné à la marquise la fausse nouvelle de la mort de Raoul de Lavery.

Les autres partisans d'Akmet furent au contraire affermis, par ce terrible exemple, dans la fidélité et le sentiment du devoir.

Le roi du désert se résolut à assembler un conseil de guerre.

Il convoqua tous ses cheiks.

Ce fut une cérémonie imposante et solennelle dont tout le bivac fut frappé; plus de cinq cents chefs, étincelants d'or et de broderies, se réunirent devant la tente d'Akmet.

On n'imagine pas quel aspect éblouissant offre une pareille réunion.

Tous les djouads (nobles) appelés à délibérer sont à cheval et parlent du haut de la selle.

Les chevaux sont superbes.

Les guerriers ont un air majestueux, une tenue fière et digne, des poses énergiques qui frappent et forcent l'admiration de l'ennemi lui-même.

A voir une si belle assemblée de cavaliers, on se demandait comment tant de chefs, braves et intelligents, ne pouvaient mener leurs troupes à la victoire, n'ayant devant eux qu'une poignée d'adversaires.

Akmet parut.

Il y eut un léger frémissement parmi le conseil; puis le silence se fit.

— Frères, dit Akmet, la honte est sur nous; nous ne sommes plus des hommes.

« Les femmes nous méprisent.

« Ces chasseurs sont là, au nombre de trois cents; ils nous bravent. »

En ce moment, deux ou trois coups de canon, tirés à longue portée, envoyèrent une salve; un boulet tua un cheval dans le cercle.

— Vous voyez! dit Akmet; on nous tue avec notre poudre et nos pièces.

« Nous sommes déshonorés. »

Les cheiks baissaient la tête.

— Quand vous rentrerez chez vous, continua Akmet, vos femmes élèveront la voix lorsque vous commanderez et riront de vos ordres.

« On ne respecte pas les vaincus.

« Qui sait, même?

« Elles nous infligeront l'injure traditionnelle des Sahariennes aux lâches; elles vous refuseront vos baisers et ne prépareront plus le repas du soir.

« Peut-il en être ainsi!

— Non, non, s'écrièrent les chefs en brandissant leurs armes avec fureur.

— Déjà l'on m'abandonne, reprit Akmet; des milliers d'hommes ont déserté.

— Des gens de pied! dit un chef.

— Des valets! dit un autre.

— Des pillards!

— Des petites gens!

Et tous :

— Pas un vrai guerrier n'a quitté le bivac; nous voulons une vengeance.

— Bien, dit Akmet, bien, frères.

« Nous vaincrons.

« Il ne nous faut que de la patience, et le ksour sera pris sans sacrifices.

« Écoutez-moi. »

Les chefs se rapprochèrent :

— Je vais, dit Akmet, envoyer mon nain Fremious aux gens du ksour qui ont pris parti pour les chasseurs et qui leur apportent un puissant secours; je réussirai à les faire déserter avant peu.

« Réduits à trois cents, les chasseurs ne pourront garder et le ksour et nos batteries; ils seront trop peu nombreux sur les murailles.

« Nous leur donnerons chaque jour un assaut où nous serons prudents; il ne s'agira que de les attirer sur leurs murs et de les y fusiller; nos meilleurs tireurs se feront des embuscades aussi près des murs que possible et tireront au posé.

« Chaque jour on abattra trente ou quarante hommes à l'ennemi.

« S'il fait mine de quitter le rempart et de mépriser l'attaque, on dessinera une offensive vigoureuse qui le ramènera à son poste.

« Je pose en fait que le siège ne durera plus dix jours, à partir de celui-ci, et que mon étendard flottera avant ce terme sur ma casbah.

— Oui, oui, s'écrièrent les cheiks.

« Aaou! aaou! »

Et ils déliraient d'espoir.

— Allez, leur dit Akmet; prenez vos plus adroits tireurs, faites-leur se creuser cette nuit des abris sous les murs et qu'ils s'y embusquent; mon nain va partir pour le ksour cette nuit même.

Le conseil fut levé.

Une heure après, les chefs avaient organisé une centaine de bandes de dix hommes, destinée à fusiller les assiégés en francs-tireurs.

Akmet rentrait dans sa tente.

Il y trouvait ce nain qui avait fait arrêter le Parisien lorsqu'il était venu espionner le camp des Sahariens sur la montagne de sel.

L'espion fixa son regard pénétrant et railleur sur Akmet; lui seul, peut-être, ne tremblait pas devant lui.

Il se savait nécessaire.

— Fremious, lui dit Akmet, tu m'es dévoué, n'est-ce pas, mon cher (cadour)?

— Oui, maître.

« Dévoué comme le chien le plus fidèle... à la condition d'être bien nourri.

— Tu sais que je paye largement.

— C'est une justice à te rendre.

« Aussi, n'ai-je jamais refusé de te servir, Akmet, sultan el Sahara.

« Souvent j'ai exposé ma peau pour être ton chouaf (espion).

« Je fus plus d'une fois déjà ton œil ouvert sur tes ennemis.

— Si mon œil était ouvert, ma main l'était aussi; par toi, mon œil voyait; par ma main, la pluie de douros tombait dans ton burnous.

— Pluie bienfaisante!

« Mais que veux-tu de moi?

— Il faudrait aller trouver les Sahariens qui se sont faits alliés des chasseurs.

— Je comprends.

« Je tâcherai de les gagner à ta cause?

— Oui.

« Tu leur promettras ce que tu voudras.

— Et que tiendras-tu?

— Ce que tu promettras.

Le nain se gratta l'oreille.

— Akmet! fit-il.

— Que veux-tu?

— Combien aurai-je pour cette mission hérissée de périls et de difficultés?

— Mille douros.

— C'est raisonnable.

« Pourtant...

— Parle donc.

« Pourtant... quoi? »

Le nain se gratta le nez.

— Encore une fois, parle donc.

Le nain se décida.

— Si, sans manquer à aucun serment, je t'amenais tous ces traîtres que tu pourrais décimer sans te parjurer devant l'armée ?

— Si tu faisais cela, je te donnerais cinq mille douros, dit Akmet avec un éclair dans les yeux. Ce me serait une grande joie de massacrer ces misérables qui m'ont trahi honteusement.

— Eh bien, cette joie, maître, tu l'auras.

« Au revoir. »

Et le nain disparut.

VII

Le message.

Le lendemain, à l'aube, les tirailleurs sahariens commencèrent leur feu.

Des attaques fréquentes favorisaient leur fusillade, et il y eut de nombreux blessés dans la place, surtout parmi les auxiliaires indigènes.

Leur zèle s'en refroidit d'autant.

Akmet suivait, pendant toute la journée, les péripéties de ces assauts multipliés; il eut à se féliciter de son plan de combat.

La nuit se passa calme.

Le lendemain, les scènes de la veille se renouvelèrent avec le même succès.

Pendant quatre jours on se fusilla avec acharnement des deux côtés.

Les chasseurs décimaient leurs adversaires; les Arabes faisaient de grandes pertes; mais ils étaient si nombreux que cent morts leur importaient peu.

Chez les chasseurs, au contraire, dix tués étaient une perte sensible.

Le cinquième jour, au matin, Akmet, joyeux de voir sa tactique réussir, reçut un messager.

— Qu'il entre! dit-il.

L'homme se présenta.

Il semblait étonné.

— Qui es-tu? demanda Akmet.

— Un courrier.

— D'où viens-tu?

— D'Aïn-Meddy.

« J'apporte ce pli pour toi.

— Tu sembles effaré?

— Il y a de quoi, sidna.

« Nous avons rencontré une troupe de voyageurs qui nous ont annoncé que tu étais vainqueur et que le Coupeur de têtes était mort.

— Le bruit d'une victoire court donc dans le Sahara? fit Akmet.

— Oui, sidna.

— De qui cette lettre?

« Du marabout ton maître?

— Non, sidna.

« D'une femme!

— D'une de mes femmes?

— Non, sidna.

« D'une Française. »

Akmet croyait la marquise dans la place; il ignorait ce qui s'était passé entre elle et le fils de son chaouck, le voleur Mehemet.

Il avait reçu la tête de ce dernier et sa main; mais il avait supposé que, fait prisonnier par les gens d'Aïn-Meddy, il avait été exécuté.

Il ouvrit la lettre.

Il faillit s'affaisser.

Il lut...

Il pâlit, chancela et tomba.

Le messager appela.

Mais déjà Akmet était debout.

Il avait le visage rayonnant, les yeux étincelants, l'air inspiré.

— Tiens! dit-il au messager.

Et il lui montra un sachet plein d'or sur un coffre de bois.

— Voilà de l'or! lui dit-il.

« Il y a bien des douros là-dedans.

— C'est vrai, sidna, fit le messager; mais pourquoi me tentes-tu?

— Parce que tu peux gagner cela.

— Que faut-il faire?

— Mentir!

Le messager sourit.

— Je mentirai, dit-il.

— Tu vas recevoir la moitié de cette somme; l'autre te sera comptée dans un mois, peut-être avant. Tu viendras me trouver quand le ksour sera pris; alors je te donnerai le reste; plus même que le reste.

— Que faut-il faire?

« Que faut-il faire? fit le messager impatient et trépidant de joie.

— Retourner vers celle qui t'envoie; cent de mes guerriers t'escorteront.

« Comme Laghouat est territoire ennemi, mes cavaliers en resteront à dix lieues.

« Tu leur amèneras la Française.

« Et surtout, — ceci est l'important, — tu diras à cette jeune femme que le ksour est pris; que tu as vu, de tes yeux vu, la tête coupée du Coupeur de têtes; que je suis vainqueur des chasseurs.

— Bien, sidna.

— Puis-je compter sur toi?

— Absolument.

— Ton nom?

— El Kouffi.

— El Kouffi, si tu es fidèle, ma main protectrice est sur toi.

« Si tu me trahis, le sabre de mon chaouck est sur ta tête.

« Va.

« Mes cent guerriers te suivront... »

Une heure après, le messager repartait pour Laghouat bien escorté.

Trois heures plus tard, Akmet appelait deux de ses kalifats (lieutenants).

— Je vais m'éloigner, leur dit-il; je prends mille hommes d'escorte.

« J'emmène ma smala au ravin vert; je reviendrai dans sept jours.

« Nous donnerons alors l'assaut général; en attendant, je vous confie le commandement... »

Les deux kalifats s'inclinèrent et se retirèrent un peu accablés du périlleux honneur qu'ils recevaient de leur chef redouté.

Vers la nuit, Akmet se mettait en route pour le ravin vert avec sa smala.

La smala d'un chef se compose de ses troupeaux, de ses richesses, de ses tentes, de sa famille, de son sérail et de son haras.

Celle d'Akmet était d'une richesse fabuleuse : il avait une tente de mérinos, doublée de soie, qui était une merveille d'art et de luxe.

Il avait des services d'argenterie, des nattes pour lit, des coffres, des meubles d'un luxe fabuleux; jamais chef d'Orient n'étala un faste plus royal que ce jeune homme, fils d'une lignée illustrée.

Il installa son bivac à huit lieues du camp, dans un joli ravin où une rivière souterraine entretenait une délicieuse fraîcheur; c'était une petite oasis dépendant de la grande où était bâti le ksour; il n'en était séparé que par cinq lieues de sables environ.

Le reste était couvert de végétation.

C'était un site charmant.

Ordre fut donné à toute la smala d'endosser les burnous de fête.

Défense fut faite de parler du ksour, autrement que pour dire qu'il était pris.

Tout fut arrangé pour tromper la jeune femme et l'entretenir dans ses illusions.

Akmet fit préparer des fantasias et des diffas pour le jour de son arrivée, il s'ingénia à lui faire une réception vraiment royale.

A Laghouat, une scène assez bizarre se passa entre le zouave et la marquise, lors de l'arrivée du messager apportant une lettre d'Akmet.

Le zouave eut avec Lisa, qui comprenait la polygamie, comme toute bonne mulâtresse qu'elle était, le zouave, disons-nous, eut une conversation dont une Française se fût scandalisée.

— Lisa, ma fille, dit le zouave, voici que ta maîtresse va partir.

« Ton mari va lui rendre une petite visite avant son départ, une visite... d'ami.

— Moi aussi, je veux lui dire au revoir.

— L'enfant, vous allez rester.

« Vous me gêneriez.

— Que veux-tu faire?

— Demander à cette jolie femme, qui oublie si vite les morts, un de ses baisers.

— Quoi... tu voudrais!

— Seriez-vous jalouse, Lisa?

— Non.

« Mais une marquise!

— Rien de trop beau pour moi, fillette; du reste, je la tiens, cette femme.

« Si elle résiste, je la ramène au ksour, et je conte sa conduite au marabout, qui, voyant qu'elle veut passer à l'ennemi, pour la punir, me l'adjugera immédiatement comme femme. »

Lisa aimait sa maîtresse; elle supplia, mais en vain, son mari de l'épargner.

Le zouave persista dans sa résolution.

Il entra, insolent, chez la jeune femme, y resta un quart d'heure à peine, et en sortit penaud, le front baissé et l'air humilié.

Lisa le questionna.

— Va embrasser la marquise, dis-lui adieu, et surtout estime-la.

« C'est une crâne femme.

« Elle m'a clos le bec d'un mot. »

Lisa fit de tendres adieux à madame de Nunez, qui quitta Laghouat aussitôt.

La marquise mit trois jours à faire le voyage, trois que l'escorte avait employés à traverser la distance qui la séparait de Laghouat faisait six.

Elle arriva au matin.

Un millier de guerriers, avec Akmet en tête, la reçurent par une joyeuse décharge de leurs armes.

Akmet vint à elle radieux.

Elle l'accueillit avec un doux sourire; elle était pâle comme une morte; ses grands yeux brillaient de fièvre, mais elle fut charmante.

— Vous ne vous attendiez pas à revoir votre prisonnière, n'est-ce pas? dit-elle.

— Aussi, ce n'est point une captive que je reçois, mais une souveraine; dit-il.

Il prit les devants avec elle.

Toute la population de la smala accourait et saluait la jeune femme.

Selon la coutume orientale, coutume dont l'Évangile cite un exemple lors de l'entrée de Jésus à Jérusalem, chaque homme, chaque enfant, chaque femme jetait qui un burnous, qui un haïque, qui un mouchoir sous les sabots des chevaux que montait le jeune couple.

D'autres, coupant dans l'oasis des palmes longues et larges, en ombrageaient la tête de la marquise; plusieurs effeuillaient des branchages et semaient des fleurs.

Les youyous, les acclamations, les applaudissements montaient jusqu'au ciel.

A chaque instant la poudre parlait; et aux décharges de la mousqueterie les chevaux se cabraient hennissant; les cavaliers les enlevaient et poussaient des charges magnifiques à fond de train, les poitrails rasant le sol.

La marquise, malgré la mateur de son teint, semblait rayonnante.

Akmet l'observait, et voyait avec orgueil l'effet produit sur elle par cet étalage brillant de ses forces et de son immense pouvoir.

On entra dans la smala.

Les tentes coquettes étaient dressées sous des ombrages épais; des lianes, courant d'arbres en arbres, formaient des guirlandes au-dessus des sentiers fleuris; l'eau susurrait partout.

Akmet s'arrêta devant un pavillon provisoire dressé pour la

marquise; il était fait d'une tenture de cachemire fine et serrée.

— Marie, lui dit le jeune homme, voici votre demeure pour quelques jours; car, suivant l'usage arabe, je ne puis vous recevoir chez moi qu'autant que vous serez ma femme légitimée par un contrat.

— Et quand aurai-je l'honneur de vous épouser, mon cher Akmet? demanda-t-elle d'un ton calme et enjoué au roi du désert.

— Ah! marquise, le plus tôt possible; sous trois jours au plus.

Il lui tendit la main.

Elle s'appuya sur son poignet pour descendre de sa jument blanche.

Ils pénétrèrent dans le pavillon.

— Mon ami, lui dit la jeune femme, vous m'avez parlé d'usage.

« Ne me compromettez-vous pas aux yeux de vos sujets en ce moment?

— Non, dit-il.

« Voici pourquoi. »

Il leva un pan de soierie qui coupait la tente en deux par le milieu.

Dans le compartiment que cachait cette tenture, la marquise aperçut un vieillard à barbe blanche et une vieille femme, tous deux richement vêtus, tous deux ayant l'air vénérable.

— Voilà, chère marquise, votre père et votre mère... d'adoption. Ceci pour les convenances, et pour que je puisse vous rendre visite pendant les trois mortels jours que je vais être obligé d'attendre avant d'être à vous.

« Vous le voyez, chère Marie, je songe à tout; il est dans nos mœurs de donner à une orpheline qui va se marier une famille de convention; ce vieux guerrier et sa femme sont de haute race; le père de cet homme a régné sur la ville de Tlemcen.

« J'ai recueilli et pensionné le fils.

« Je n'ai rien négligé pour vous entourer des plus respectueuses déférences.

— Merci, dit la jeune femme en tendant la main au roi du désert.

Il y déposa un baiser.

— Pourquoi, demanda-t-elle, ne m'avez-vous pas reçu dans votre ksour ?

— Parce qu'il est en ruines; j'ai dû le bombarder à outrance pour le prendre.

— Raoul s'est donc bien défendu ? demanda-t-elle avec un léger tremblement dans la voix.

— Comme un lion !

— Voilà un mot généreux, fit-elle.

Une larme perla dans ses yeux, qu'elle ne put contenir sans doute.

— Vous l'aimez toujours ? fit Akmet.

Elle lui fit signe de s'asseoir, trop émue pour parler de suite.

Comprimant enfin son trouble, elle se rendit maîtresse absolue d'elle-même.

— Akmet, dit-elle, je vous dois la vérité; écoutez-moi donc.

« Je suis une femme singulière, et bien infatuée de ma valeur.

« Je me crois digne du plus digne; à dire vrai, vous voyant m'aimer, vous un homme d'élite, voyant Raoul m'adorer, et c'était un grand caractère, j'ai quelque raison d'avoir de moi une haute opinion.

« A Paris, les artistes ont mille fois proclamé que j'étais belle, de la vraie beauté antique, belle comme les Phryné, les Cléopâtre, les Diane et les Vénus.

« Les littérateurs étaient charmés de hanter mon salon, et sans flatterie, je crois, me comparaient aux femmes d'esprit de toutes les époques qui ont laissé un nom.

« J'ai donc dû me croire supérieure à plus d'un titre, n'est ce pas ? »

Akmet, à genoux, protesta de son admiration pour Anne Marie de Nunez, et ses ardentes déclarations n'étaient pas jouées.

Les mots tombaient brûlants de ses lèvres enfiévrées d'amour.

La marquise le laissa à ses pieds.

— Je vous crois, dit-elle en réponse à ses affirmations d'amour et de respect.

« Quand un homme fait tuer tant de monde pour conserver une femme, il en est épris jusqu'à la folie; c'est ainsi que je veux être adorée.

« Raoul, lui, ne savait pas m'aimer.

« Il voulait me dominer; il m'a froissée souvent, et j'ai subi son joug, parce qu'il me dominait par ses triomphes et son audace.

« Je frémissais de me trouver sous cette main dure à mes épaules de femme, toujours ployée devant ce despotisme jaloux; mais je n'osais encore me révolter contre sa volonté énergique.

« Et puis, je l'aimais.

« J'ai même encore pour lui une tendresse qui va chaque jour s'effaçant.

« Quand il fut vaincu, quand je vous vis triomphant, je sentis s'évanouir le prestige du comte, et redevins maîtresse de moi-même; je résolus de me venger d'une longue humiliation par l'oubli.

« Croyez-le, mon cher Akmet, j'effacerai jusqu'au souvenir du passé.

« Mais je ne suis à vous qu'à la condition d'être votre égale...

— Dis que je serai ton esclave! s'écria Akmet enivré et se prosternant presque à ses pieds.

Elle le regarda d'un air bizarre, et murmura :

— Ce n'est pas ainsi qu'il m'eût aimée, lui! Il se fût tué, plutôt que de se courber devant moi!

Il baisait le bout de ses bottines avec une ivresse délirante.

Elle le laissa dans cette humble posture, le contemplant d'un air singulier.

Mais on prononça le nom d'Akmet.

— On vous appelle, mon ami, dit-elle.

— Au diable l'importun! s'écria-t-il avec colère; qui ose donc interrompre ainsi mon premier rêve auprès de vous, chère Marie!

Il sortit.

Un exprès venait d'arriver du camp, lui apportant une lettre des kalifats.

« Viens, disait la missive.

« Il faut que tu commandes l'assaut demain, tout est prêt. »

— Enfin ! s'écria-t-il.

« Cette comédie de victoire me pesait; j'étais honteux de lui mentir.

« Demain, le Coupeur de Têtes aura vécu, je rentrerai dans mon ksour, et j'y célébrerai mes noces avec un éclat royal, devant toute mon armée triomphante. »

Il rentra sous la tente.

— Marquise, dit-il, il est d'usage ici de donner une dot aux parents de sa fiancée; laissez-moi vous offrir un douaire, à défaut d'une famille qui puisse l'accepter.

« Je pars les conquérir, et reviendrai demain soir.

— J'accepte, dit-elle; à demain !

VIII

La trahison.

Akmet, en arrivant à son camp le soir même, y trouva maître Fronious, le nain, qui l'attendait ; le nain avait des airs vainqueurs qui firent bien augurer à Akmet du succès de sa mission diplomatique.

— Te voilà, drôle! lui dit Akmet, souriant de l'air le plus aimable.

— Oui, sidna, fit l'espion.

— Tu as réussi ?

— Au mieux.

« Cette nuit, tous en masse, les Sahariens quitteront le ksour et accourront à toi.

— Es-tu sûr qu'ils ne changeront point d'avis ; ces gens-là sont des girouettes.

— J'ai pour moi deux puissants mobiles, sidna ; il serait étrange que pour ces deux motifs les Sahariens ne tinssent pas parole.

— Quels mobiles, sir Fronious ? Vous êtes passé maître en diplomatie, et je tiens à recevoir de vos leçons, car vous connaissez à fond le cœur humain.

— Trop d'honneur, sidna.

« Les deux causes qui agiront sur les Sahariens cette nuit sont irrésistibles :

« C'est la peur, d'abord.

« Peur de mourir.

« Les balles pleuvent sur eux, et quand ils veulent s'abriter, les chasseurs les ramènent à leurs postes avec une pointe de poignard aux reins.

— Sais-tu que les chasseurs emploient là un excellent moyen contre la poltronnerie.

— Je n'en doute pas, sidna.

« Mais les Sahariens goûtent peu ce procédé, et sont exaspérés.

« Outre la crainte bien légitime du trépas par les balles, tes sujets ont de toi une sainte terreur et se doutent que, vainqueurs, tu les ferais massacrer.

— Ils ne se trompent pas.

— Tu n'auras pas cette peine après la victoire, tu l'auras avant, voilà tout.

« Je passe au second mobile.

« C'est la cupidité.

« J'ai promis que chaque homme toucherait une somme de dix douros.

« Quels yeux ces gars-là me faisaient, sidna; ils m'ont fait jurer par le Coran que tu m'avais promis cette somme pour chacun d'eux; et j'ai juré, sidna, par Allah, par le prophète, par la tête, par le pied, par les reins, par le saint nombril de Mahomet.

« Ils m'ont cru.

— Dix douros ! c'est une somme par tête, et je devrai la leur distribuer avant le supplice ; chose promise, chose due, maître Fronious.

— On doit aux vivants.

« Ils vivront en entrant au camp.

— Erreur.

« Pas un n'y mettra les pieds.

— Tu as donc un plan ?

— Superbe !

« Tu n'auras pas à châtier, pas à te faire maudire, pas à te faire accuser de parjure ; tu seras blanc comme un haïque neuf.

« Donne-moi seulement un ordre écrit pour tous les chefs

de poste, d'avoir à m'obéir cette nuit, quoi que je leur commande.

— Maître Fronious, vous me promettez d'être prudent et de réussir?

— J'engage ma tête.

— Je la prends, si tu me compromets ; je te donne cent douros si je suis content.

Le nain bondit de joie.

Akmet appela.

— Mon kodja? demanda-t-il.

Le taleb (savant), qui avait succédé à Ali dans les fonctions de secrétaire, se présenta.

— Ecris, lui dit le maître.

Le kodja tira de sa ceinture une écritoire ; un parchemin et un roseau.

Akmet dicta :

— Ordre à tous d'obéir pour tout et en tout au nain Fronious.

Le kodja, étonné, leva la tête.

Akmet appela son chaouck.

— Deux coups de bâton au kodja, dit-il, pour avoir eu l'air surpris de ce que je lui dictais ; un sous la plante des pieds, l'autre sur les fesses ; applique cela de façon à lui graver mes recommandations dans la mémoire pour longtemps afin qu'il se le rappelle.

— Sidna... fit le kodja.

— Trois coups, fit Akmet au chaouck.

Et au kodja :

— Rappelle-toi que tu es muet, que tu es sourd, que tu es aveugle, sauf quand je te permets de parler, de voir et d'entendre, rappelle-toi...

« Tu dois être de marbre.

« Un mot, un geste, un regard quand je dicte, seront punis sévèrement.

« En revanche, tu sais comment je récompense mes serviteurs ; rappelle-toi.

Et au chaouck :

— Emmène-le.

Le nain riait aux larmes.

— Quand je serai cheik, dit-il, je ferai dresser mon kodja à ta façon.

On entendit les coups immédiatement infligés par le chaouck d'un bras vigoureux.

— Va le rappeler, dit Akmet au nain.

Le chaouck se rhabillait.

Il revint pâle, chancelant, faisant des efforts pour se tenir debout.

— J'ai lu ! fit Akmet.

« C'est bien écrit.

« Timbre l'ordre de mon sceau.

Le kodja obéit sans souffler mot, et remit le parchemin à Fronious.

— Voici pour toi, lui dit Akmet, lui donnant la valeur de deux louis.

« Sauf Ali, nul n'a moulé l'écriture arabe mieux que toi, mon garçon. »

Le kodja, bientôt consolé, empocha joyeusement l'argent; il avait déjà perdu la rancune des coups ; il baisa avec une respectueuse effusion la main du maître, et s'en alla ravi de son aubaine.

Ainsi sont les Arabes.

— Pars, toi, ordonna Akmet au nain, qui sortit de la tente pour aller montrer son ordre aux avant-postes, et le faire reconnaître.

Partout on courba la tête sous l'autorité de ce petit bonhomme.

Du reste, on le savait familier du maître ; il jouait près de lui le rôle de fou ou à peu près ; les chefs arabes ont conservé cette coutume du moyen âge d'entretenir un bouffon à leur cour.

Vers minuit, les alliés des chasseurs, assemblés sur les remparts, fuyaient tous ensemble sur un cri poussé par celui qu'ils avaient choisi pour chef; ils se précipitèrent vers les postes des assiégeants :

Mais, par la volonté du nain, ils furent reçus à coups de fusil.

— Vous serez attaqués cette nuit, avait dit Fronious aux postes.

« On vous criera : amis !

« Tirez, tirez et tuez.

« C'est un piége que l'ennemi vous tend ; les chasseurs restés en ville feront mine de fusiller ceux qui viendront à vous.

« Ruse de guerre.

« Ils n'auront pas de balles dans leurs fusils ; tirez et tuez, je vous le répète. »

On suivit sa consigne.

Les malheureux qui avaient eu foi dans la parole du nain hurlèrent en vain :

— Nous fuyons !

« Nous désertons ! »

On les cribla.

Ils revinrent aux murailles.

Les chasseurs, exaspérés de leur abandon, les écharpèrent sans pitié.

Au jour, il n'en survivait que quelques-uns qui furent achevés bien vite.

Akmet se leva vers l'aube.

Le nain parut.

— Salut, sidna.

— Salut, Fronious.

« Est-ce fait ?

— Demande les chefs de poste au rapport et tu verras, sidna, si le succès est complet.

Le roi du désert fit convoquer les cheiks de veille auprès de sa tente ; ces appels se font par un crieur de profession à cheval.

Tous accoururent.

— Que le plus vieux parle, dit Akmet ; s'est-il passé du nouveau ?

— Seigneur, dit le doyen, des assiégés sont venus à nous cette nuit.

« Etaient-ils ennemis ?

« Etaient-ils amis ?

« Nous ne savons.

« Par ordre de Fronious on les a fusillés ; je m'étonne si un seul survit.

« Ce qu'il y a d'extraordinaire, c'est que de la place on les tuait aussi.

— Il se pourrait, dit Akmet, que ces gens aient voulu sérieusement déserter ; mais mes chouafs (espions) m'ont engagé à la défiance.

« S'il y a eu malentendu, tant mieux ; un traître doit toujours être puni.

« Je n'avais rien promis.

« Je vois là le doigt d'Allah.

« Allez, et que l'on se prépare à l'assaut. »

Les cheiks se dispersèrent.

La nouvelle que l'assaut allait être donné à la place se répandit et le camp fut bientôt dans un état d'agitation indescriptible.

Le roi du désert dicta à tous ses lieutenants des ordres écrits.

Deux heures après vingt mille hommes, en dix colonnes, munies d'échelles, se tenaient prêts à s'élancer ; les tirailleurs, de leurs embuscades, criblèrent les créneaux des assiégés de leurs balles pour favoriser les attaques ; il était évident que le ksour allait succomber.

La souricière.

Dans la ville, les chasseurs privés de leurs alliés, décimés par un feu terrible, se sentirent impuissants à prolonger la lutte.

Raoul, dès l'aube, tint un conseil.

— Camarades, dit-il, trois cents hommes ne peuvent tenir ici; depuis qu'Akmet a établi ses embuscades il nous a rendu la défense difficile.

— Sautons avec la casbah! proposèrent les chasseurs; nous exterminerons dix mille hommes en même temps que nous; ce sera glorieux.

— Mais on peut s'échapper! dit Raoul.

— Comment?

— Voici mon plan.

« Je prévoyais depuis huit jours le dénoûment du siége et je ne voulais pas que nous fussions pris dans l'immense souricière que nous a tendue Akmet; des hommes de notre trempe doivent trouver toujours un moyen de glisser aux mains de l'ennemi.

« Je vous conseille à tous de vous déguiser en Sahariens;

les burnous ne manquent pas ; prenez-en dans les cases abandonnées.

« Il y en a sur les morts, sous les murs.

« Que chacun emporte le plus précieux et le plus léger de son butin.

« Je vous ai partagé le trésor du silo d'Akmet ; laissez tout ce qui n'est pas or ou bijoux ; car il ne faut pas s'encombrer. »

Le Coupeur de Têtes s'arrêta.

— Après… demanda-t-on.

— Après, dit-il, rien.

« J'ai foi en tous.

« Cependant la prudence est une loi suprême ; sans soupçon sur aucun, je dois craindre un mot lâché étourdiment et recueilli par un traître ; il y a des Sahariens qui n'ont pas fui.

« Puis, dans nos trois cents camarades, beaucoup sont Arabes et peuvent être tentés de nous vendre à Akmet ; je veux me taire.

« Si toutefois quelqu'un pense être plus adroit que moi, qu'il expose son plan. »

Personne ne prit la parole.

— Il faut, ajouta Raoul, que chaque bande soit sous la main de son chef et à son poste.

« Que, quand l'on entendra tirer un coup de feu de la casbah, tous les chefs y accourent prendre de moi des instructions.

« Surtout que tous aient leurs déguisements préparés pour être endossés.

« Il n'est pas probable que nous ayons à tirer des coups de fusil avant sept heures du soir, mais qu'on ait l'œil au guet.

« Allez, camarades.

« Le roi du désert ne nous tient pas encore.

Au moment où les colonnes de Ben-Akmet s'ébranlaient, un parlementaire sortit de la ville ; toute l'armée assaillante s'arrêta comme un seul homme et ce, sans qu'aucun commandement de halte se fût fait entendre.

En ceci chaque guerrier suivit son instinct et n'attendit pas d'ordre.

Voilà une des causes de l'infériorité des armées arabes devant la nôtre.

Chaque soldat, chez nous, fait partie d'un tout que meut une seule tête.

Chez les Arabes, autant de bras droits, autant de têtes ; plus même.

Il faut tenir compte des manchots.

Le parlementaire était un vieux chasseur à barbe blanche, bien connu des Sahariens.

Ils l'appelaient l'Œil-de-l'Aigle, à cause de son merveilleux coup d'œil.

Il avait un jour rendu à Akmet un service éminent; de là le choix fait de lui.

Il fut conduit au jeune homme.

— C'est toi, mon père, qui viens au nom des assiégés, dit Akmet au chasseur.

« Sois le bienvenu.

« Je ne pourrai probablement t'accorder ta demande ; mais je puis te montrer à tous les miens et leur crier que tu dois être épargné.

— Akmet, dit le chasseur, tu parles en jeune homme, étourdiment et généreusement.

« Généreusement puisque tu veux m'accorder la vie ; étourdiment puisque tu préjuges à la légère.

« Ecoute :

— Parle, Œil-de-l'Aigle.

— Je viens te proposer de te rendre la place ; nous n'y mettons qu'une condition.

— Laquelle !

— On nous rendra les honneurs militaires.

— Vous êtes tous des braves, dit Akmet; vous aurez les honneurs militaires... mais une fois morts ; car je ne veux faire quartier à personne.

— Tu as tort.

« Il n'est pas dit que tu entreras dans le ksour, Akmet; ne nous pousse pas à bout.

— J'ai juré que le Coupeur de Têtes mourrait ; et il mourra.

— Et s'il était mort ?

— Oh ! alors, on pourrait s'entendre.

— Écoute, mon fils, écoute-moi ; tu vas être patient ; n'est-ce pas ?

« Je retourne en ville.

« Donne-moi deux heures pour m'entendre avec Raoul ; peut-être se tuera-t-il. »

Akmet aurait bien voulu emporter le ksour d'assaut ; c'eût été plus glorieux.

Mais avec ces terribles chasseurs, on n'avait jamais le dernier mot ; il fallait tout craindre d'eux ; poussés aux extrémités, ils étaient capables de tout.

Akmet avait vu son armée s'arrêter net à la vue du parlementaire ; il sentait qu'on lui saurait mauvais gré de ne pas traiter ; il prévoyait que ses hommes donneraient mollement s'il ne consentait pas à faire aux chasseurs quelques sacrifices pour éviter l'effusion du sang ; aussi se décida-t-il à parlementer.

— Voyons ! voyons, fit-il.

« Que me parles-tu de consulter le Coupeur de Têtes ; est-ce qu'il se donnerait à moi ?

« Je l'en crois incapable.

— Tu as tort.

« De Lavery est magnanime.

« Quand il saura que tu n'en veux qu'à sa tête, il la donnera pour ses amis ; nous n'avons pris les armes que pour lui, en somme. »

Akmet songeait.

Raoul, par ce sacrifice, allait tellement se grandir s'il l'acceptait, que la marquise, en apprenant ce trépas sublime, était capable de s'éprendre d'une passion plus ardente que jamais pour son souvenir ; mais d'autre part Akmet espérait que le comte ne se dévouerait pas, ne fût-ce que pour continuer à lutter afin de sauver la marquise, dont il ignorait les actes accomplis depuis sa fuite.

Il se dit que si Raoul ne se livrait pas, sollicité par les siens, la marquise le mépriserait ; il voulut tenter le jeu.

— Soit, dit-il, essaye.

Le vieux chasseur reprit le chemin du ksour ; Akmet ordonna qu'on se reposât sur place ; il attendit le retour du parlementaire.

Celui-ci revint.

— Raoul accepte, fit-il.

Akmet pâlit.

Tous les chefs avaient entendu ; ils eurent bien des sourires joyeux.

— Ils me forceront la main, pensa Akmet, si je reviens sur ma promesse de traiter au cas où le comte consentirait à m'apporter sa tête.

Akmet avait un pouvoir immense et restreint à la fois ; solide et fragile.

Il ne pouvait heurter ses cheiks.

— Raoul, reprit le chasseur, stipule que nous aurons tous les honneurs de la guerre.

— Accordé ! dit Akmet.

— Nous emporterons notre part de pillage, quelle qu'elle soit, continua le chasseur.

— Refusé.

— Alors, rompons.

Akmet, enchanté, allait briser la négociation quand un chef intervint.

— Faisons une concession ! proposa-t-il : ces chasseurs emporteront mille douros chacun ; il faut être raisonnable de part et d'autre.

Akmet fronça le sourcil.

Les autres chefs appuyèrent le premier.

— Mille douros, disaient-ils, c'est bien pour nous et pour vous autres ; c'est honorable.

« Accepte, Œil-d'Aigle.

Déjà on traitait presque sans Akmet qui en sentit tout le péril.

— Voyons, père, dit-il, mes kalifats et mes cheiks sont larges, tu le vois.

« Je voulais leur conserver leur fortune intacte ; ils consentent à un sacrifice.

« Accepte.

— Bon ! fit Œil-d'Aigle.

« Vous êtes convenables.

« Je m'engage sur ce point ; les camarades m'ont donné carte blanche.

Les cheiks respirèrent.

— Va ! dirent-ils.

4.

« Que le Coupeur de Têtes se livre.

— Minute, fit le chasseur.

« Il y avait une femme française dans le ksour; il a été impossible de la trouver; Raoul fait sonder la casbah et espère découvrir celle qu'il cherche aujourd'hui; il ne voudrait pas te la laisser.

« Je ne cache rien, tu vois.

Akmet sourit.

Le chasseur reprit.

— Raoul, je crois, tuerait la Française, s'il venait à trouver l'endroit où elle s'est enfermée; je ne veux pas te tromper, moi.

— Il ne la trouvera pas, dit Akmet.

— Soit !

« En tous cas il te promet, le soleil couché, qu'il ait ou non réussi, de se mettre entre tes mains; toi tu t'engages solennellement devant ton armée à tenir fidèlement nos conventions.

« Est-ce dit ?

Akmet était sûr que Raoul n'arriverait à aucun résultat, quelques perquisitions qu'il fît; il engagea sa foi au chasseur.

Le vieil Œil-d'Aigle semblait radieux d'avoir mené sa négociation à bonne fin; il regagna le ksour d'un pas alerte et en sifflottant.

Les Arabes étaient ravis.

En somme, Raoul connaissait l'endroit où avait été cachée la marquise; le soir venu, il pouvait affirmer l'avoir découvert.

Akmet voulut que ses goums restassent sur le terrain où ils se trouvaient; mais il leur permit de se débander à demi pour préparer leur repas.

Vers dix heures du matin, un autre chasseur vint en parlementaire, et annonça au roi du désert qu'il pouvait occuper les forts détachés; vu le traité fait, ils devenaient inutiles aux chasseurs.

La garnison de ces batteries rentra dans la ville, et les Arabes la remplacèrent.

Les canons étaient encloués; Akmet en fut fâché, et fit

adresser des reproches à l'Œil-d'Aigle, qui répondit à son envoyé :

— C'est un malentendu.

« Nous en sommes désolés.

« Ceux des batteries, en recevant l'ordre de revenir, crurent à une retraite ; ils ignoraient qu'une capitulation était conclue entre nous. »

Akmet admit ces excuses.

Du reste, son parlementaire lui rapporta que les chasseurs semblaient faire leurs préparatifs d'évacuation, et il en fut enchanté.

Il songeait à la marquise.

— Demain, je l'épouse, songeait-il, frissonnant de joie et tressaillant sur son cheval.

Il était comme fou de bonheur.

Tuer Raoul.

Epouser Anne-Marie de Nunez !

S'être débarrassé des chasseurs !

Avoir conquis un grand prestige devant ses Sahariens qui oublient les défaites, si une victoire définitive les efface et les répare !

Avoir réussi, enfin !

Il y avait là de quoi griser l'homme le plus fort.

La journée s'écoula lente pour Akmet, malgré son délire de bonheur.

Enfin le soleil se coucha.

Un quart d'heure se passa.

Rien ne vint de la ville.

Il envoya un chaouck pour sommer la garnison d'effectuer sa sortie, et de lui livrer Raoul ; le chaouck revint consterné.

— Seigneur ! dit-il, tu es joué.

« Ils ne veulent pas se rendre.

« Ils m'ont montré la casbah ; le Coupeur de Têtes y est installé.

« Je l'ai vu éclairé par des torches, entouré de ses plus vieux chefs et amis.

« J'ai même reconnu un chasseur qu'on appelle Ali-Baba les quarante voleurs ; il est vêtu si bizarrement qu'on le distinguerait entre mille.

« Les chasseurs m'ont annoncé qu'ils défendraient les murailles à outrance.

« Qu'au dernier moment ils se réfugieraient dans la casbah et s'y maintiendraient.

« Que si on leur y donnait l'assaut, ils se feraient sauter avec nous.

« Ils ont profité de toute cette journée pour préparer une mine.

« Ils ont enterré toute ta poudre, vingt mille livres, dans les caveaux.

« Le Coupeur de Têtes a juré de ne pas bouger de son siége.

« Ils ne daigneront même pas riposter à notre feu, ont-ils dit, si la ville emportée, on les attaque dans la casbah ; ils se croiseront les bras, laisseront faire, et lors de l'assaut mettront le feu aux poudres.

« Voilà, sidna, ce que j'ai vu et entendu, ce que je te rapporte fidèlement.

Akmet était atterré.

— Voilà ! s'écria-t-il, ce que c'est que de faiblir ; je ne voulais pas traiter, moi ; des lâches, vous tous cheiks, m'ont forcé la main.

« Nous avons la honte d'avoir accordé une capitulation ; celle d'être bernés ; celle d'avoir faibli ; celle d'être tenus en échec par ces démons.

« Tels sont les résultats des faiblesses. »

Puis frémissant :

— On va attaquer de suite ! s'écria-t-il. Il faut prendre la ville d'abord.

« Après nous aviserons pour la casbah.

Les chefs sentaient le poids de leur faute ; ils tremblaient qu'Akmet ne fît un exemple ; mais il avait trop besoin du concours de tous pour s'aliéner les esprits ; il remit un acte de vigueur à plus tard.

La sévérité ne doit s'exercer qu'après le succès.

— J'espère, dit-il, que l'on ne va pas trembler comme des poules devant des chacals ; il n'y aura péril de sauter tous que pour l'assaut de la casbah ; on ne la prendra pas cette nuit ; on se contentera du ksour.

« Donc, du cœur, et que l'assaut soit vivement mené ; je compte sur une heure de lutte au plus.

« En avant ! »

La fusillade crépita aussitôt malgré la nuit ; le feu de la place tonna.

Les colonnes s'ébranlèrent...

X (1)

A l'assaut.

Les cheiks, se sentant joués par les chasseurs, enflammèrent le courage de leurs hommes; ils leur représentèrent qu'il fallait d'abord emporter l'enceinte; que de cette position on serait plus fort; ils leur démontrèrent que les chasseurs ne se feraient sauter qu'à la dernière extrémité, dans leur casbah, où l'on pourrait les bloquer facilement, et les obliger à se rendre par la famine, sans assaut.

Ils ajoutèrent que les assiégés, ayant pris la résolution de se replier dans la casbah, tiendraient mollement sur les murailles.

---

(1) Les détails que nous allons donner sont authentiques; nous les avons puisés dans un manuscrit que la famille d'un chasseur, nommé Lefebvre, a bien voulu nous confier, depuis que le drame historique que nous racontons est en cours de publication.

Nous puisons à pleines mains dans ces mémoires, écrits par un acteur de ces scènes palpitantes d'intérêt, racontées avec verve par ce coureur de bois, au récit duquel nous conserverons sa couleur pittoresque, dans la mesure du possible.

Les Arabes, gagnés par ces raisons, montrèrent une ardeur de bon augure.

Les colonnes s'ébranlèrent.

Les canons de la place tonnèrent, et les boulets creusèrent des sillons sanglants dans les masses qui se dirigeaient sur les fossés.

Par ordre d'Akmet, chaque goum devait marcher au pas accéléré, en rang, comme les Français, sous les yeux des chefs.

Les colonnes tinrent ferme jusqu'au moment où la mitraille, qui ne porte qu'à cinq cents mètres, commença à cracher.

Elle faucha tant de soldats que le désordre se mit parmi les assaillants.

— En avant! criaient les plus braves.

Et ils s'élançaient.

Mais les poltrons reculaient; d'autres restaient sur place; la confusion se mit partout.

La canonnade continuait.

Les embuscades des tirailleurs étant dépassées, ceux qui les occupaient eurent des goums entiers devant leurs fusils et ne purent tirer; leur efficace protection manqua dès lors aux assaillants.

Les canonniers de Raoul, n'étant plus gênés par le feu habile de ces enfants perdus, en prirent à leur aise, et se mirent à pointer sans gêne.

Chaque coup porta.

Les Arabes recevaient d'épouvantables décharges des pièces bourrées jusqu'à la gueule; ils étaient culbutés par bandes.

Les vaillants arrivèrent aux fossés; mais ils y furent canardés à bout portant; ils se replièrent, jetant leurs échelles; le gros des colonnes avait abandonné déjà le champ de bataille; toute l'armée en déroute avait reculé d'un kilomètre au moins.

Elle se reforma derrière les palmiers.

Les chasseurs, pour célébrer ce succès, mirent le feu à plusieurs maisons, et s'éclairèrent des flammes pour insulter aux Arabes par les gestes et les cris les plus outrageants; ils plantèrent des drapeaux sur les remparts, comme pour les défier, et ayant fabriqué un étendard aux couleurs d'Akmet, ils le mirent en terre, et on les vit le salir par des jets d'urine.

Ils firent pis.

Ils abattirent le grand croissant de la mosquée, et le lancèrent dans un cloaque, à l'ouest de la place, aux yeux de l'armée.

Les enfants perdus arabes, pris de la panique générale, avaient quitté leurs embuscades; tout était dans un incroyable désordre chez les assiégeants; Akmet, exaspéré, parcourut les rangs entremêlés.

Il fit des prodiges d'activité.

En une heure, il eût reconstitué ses goums et tout réorganisé; au dire des généraux français, il fit là un miracle, avec des troupes aussi irrégulières.

Son premier soin fut de renvoyer aux embuscades les tirailleurs.

Cette fois, il ne prit que cinq mille hommes, mais il choisit les tribus les plus braves, et les divisa en douze corps d'attaque.

Il donnait pour instruction de ramper jusqu'au plus près de la fortification, et de ne s'élancer que lorsque l'on serait découvert.

Les Arabes, dans le premier assaut, avaient perdu plus de quinze cents hommes; ils étaient profondément découragés; Akmet désespérait.

Toutefois, les goums avancèrent à plat ventre, lentement, se dissimulant, et ils arrivèrent aux embuscades, qui faisaient feu et flammes sans qu'on les eût canonnés; la place était silencieuse.

Une légère rumeur s'éleva dans les colonnes assaillantes, chacun y disait à son voisin :

— Ils ont quitté l'enceinte!

Pas un coup de feu, pas une ombre ne vint démentir cette supposition.

Les Arabes s'enhardirent.

Ils allèrent plus rapidement de l'avant, se relevant à demi, marchant penchés.

A cinquante pas des fossés, ils s'élancèrent en jetant de grands cris.

Ils avaient ville gagnée.

Les chasseurs avaient dû se barricader dans le palais du roi du désert.

Les goums, à mesure qu'ils marchaient, avaient vu derrière eux des blessés se relever, et profiter de ce retour offensif pour regagner le camp avec sécurité, car, en général, il est dangereux, pour qui gît entre une ville assiégée et les lignes d'attaque, de se dresser pour joindre le bivac.

On est exposé à recevoir les balles des deux partis; fâcheuse éventualité.

Akmet, à la tête de ses réserves, remarqua sans trop s'en émouvoir ce retour de tant de gens, les uns boitant, les autres portant le bras en écharpe dans le burnous, tous sanglants et mutilés.

Akmet n'avait pas le cœur mou d'une femme qui s'éprend de pitié pour les souffrances d'autrui; c'était un homme de fer.

Tous, du reste, lui surtout, étaient préoccupés de l'assaut que l'on suivait du regard; on laissa les blessés gagner le bivac, où les chevaux et les dromadaires restaient sous la garde de quelques hommes.

Cependant les assaillants avaient sauté dans les fossés; audacieux de la fuite des chasseurs, ils clamaient à tue-tête.

C'était à qui monterait le premier.

En quelques minutes, cinq mille hommes couronnèrent l'enceinte; les incendies montrèrent à Akmet sa bannière, relevée et plantée sur l'escarpe; toute son armée la salua de hourrahs délirants.

Mais un fait auquel Akmet ne s'attendait guère fut la singulière précipitation avec laquelle tout le reste de ses troupes courut aux fossés; il vit bien que très-difficilement il disciplinerait ces masses; chefs et simples combattants couraient du même train.

Ce qui guidait ces hordes, c'était l'espérance du pillage; ces goums du dehors allaient s'abattre sur le ksour et le mettre à sac.

— Sale nation! murmurait Akmet; misérable race; peuple de lâches pillards!

« Ils vont se gorger des douros et des richesses de mon ksour, qu'ils sont censés délivrer.

« Mais je sévirai... plus tard. »

Akmet était aux prises avec les difficultés qui entravèrent toujours Abd-el-Kader.

L'Arabe est indisciplinable.

Akmet ne voulut pas suivre les siens; il n'aurait pu résister à la tentation de brûler la cervelle aux voleurs; il préféra détourner les yeux des scènes qui allaient se passer dans sa ville.

Donc, il demeura sur place.

Une chose l'étonnait.

Les premiers arrivés, comme les derniers, se tenaient sur les murs, ou dans le chemin de ronde qui courait autour de la ville, entre l'enceinte et les maisons; il ne voyait pas la foule de ses guerriers s'engouffrer dans les rues, comme il s'y attendait.

C'est que les goums avaient trouvé des obstacles qu'il était difficile de franchir.

Chaque ouverture de rue était barricadée, et il fallait démolir les barrières improvisées par les chasseurs; un chaouck, — dont Akmet remarqua le zèle, — vint en prévenir le jeune chef.

— Sidna, dit-il, j'ai pensé que tu te demandais pourquoi l'on se trouvait arrêté; je suis venu pour calmer tes inquiétudes.

« Nous avons devant nous des amoncellements de pierres très-épais qui ferment toutes les issues donnant sur le chemin de ronde.

« On cherche à les démolir.

— Ces damnés chasseurs, murmura Akmet, ont des idées infernales.

« Ils prévoient tout.

« Ces barricades leur permettent de se réfugier tranquillement à la casbah.

« Enfin !

« Mon tour viendra. »

Il n'avait pas fini ces mots, que plus de cent explosions retentissaient.

Les maisons bordant le chemin de ronde sautaient en l'air, ceignant la ville d'une ceinture de volcans; le ksour presque tout entier, sauf sa solide casbah, fut renversé; son enceinte fut rasée.

Une clameur effrayante avait monté vers le ciel, s'épendant

en même temps sur la surface du Sahara, allant y porter l'effroi, presque aussi loin que la lumière de l'explosion s'étendait.

L'armée d'Akmet était anéantie.

Nous n'osons pas chiffrer les morts; l'imagination épouvantée refuse de s'imaginer une pareille catastrophe; il est d'horribles vérités auxquelles on ne peut croire.

Qu'on se représente pourtant ces masses pressées entre le rempart et les maisons; dans ces maisons des barils de poudre placés de distance en distance; des traînées réunissant d'une maison à l'autre tous ces barils, et dix blessés se sacrifiant pour mettre le feu aux mines !

Qu'on s'imagine la force inouïe de projection des matériaux et la position des Sahariens, pressés, foulés les uns contre les autres.

Qu'on s'imagine les pans de murs lancés en bloc sur cette foule, et la pilant contre l'enceinte, couchée elle-même ensuite dans son fossé !

Qu'on s'imagine tous ces corps broyés, les membres dispersés dans la poussière, les crânes aplatis, les pierres tachées de sang et de chair meurtrie !

Qu'on s'imagine ce spectacle épouvantable, qu'on évalue le nombre des morts, qui ne fut jamais compté, et qu'on juge si le manuscrit du chasseur exagère en parlant de quinze mille cadavres !.....

Une heure s'écoula...

On voyait les ombres se lever parmi les décombres, fuir et gagner le camp...

Akmet avait couru vers le ksour; il avait mesuré du regard l'étendue de son désastre.

Plus d'armée.

Des morts en lambeaux.

Des blessés râlant.

Des fuyards !

Voilà ce qui lui restait de ses quarante mille hommes; le désert était couvert de gens qui se sauvaient, abandonnant le bivac.

Akmet s'assit sur les décombres de sa ville, et il pleura des larmes amères.

Ce cœur de fer était brisé.

XI

Erreur n'est pas compte.

Pendant longtemps le roi du désert demeura immobile et fou de douleur sur une pierre noircie, les pieds dans le sang.

Un grand bruit l'arracha à ses sombres rêves; c'était le trot d'une troupe de cavaliers qui s'avançaient vers le ksour.

Il reconnut des Sahariens.

Il y en avait sept mille environ.

— Ben-Tamy! s'écria-t-il.

« Voilà Ben-Tamy qui m'amène ses goums!

« Des braves, ceux-là! »

En effet, un des chefs les plus puissants du Sahara arrivait; il avait rassemblé au fond des ksours les plus lointains des contingents considérables, et il venait au rendez-vous que lui avait fixé Akmet, pour commencer la guerre contre la France.

Le roi du désert courut au-devant de son allié, qu'il rencontra en tête de son armée.

Il s'en fit reconnaître.

Ben-Tamy était effaré, lui et les siens; ils avaient entendu l'explosion; ils avaient hâté leur course, rencontrant partout des gens qui refusaient de s'arrêter et semblaient muets de terreur.

— Enfin, s'écria Ben-Tamy.

« Voici un homme !

— Tu vas me dire ce qui se passe.

— Oui, oui, s'écria Akmet d'une voix entrecoupée; mais arrête tes cavaliers.

— Halte et pied à terre ! cria Ben-Tamy d'une voix de stentor que cent mille hommes eussent entendue; jamais, dit-on, chef n'eut un commandement plus retentissant.

— Viens, maintenant, lui dit Akmet.

Il l'entraîna à cent pas de ses goums, qui se demandaient ce que signifiaient toutes ces singulières précautions et les scènes de déroute qu'ils avaient vues.

Mais ces guerriers étaient de farouches Touareggs, des hommes sanguinaires, vaillants, que rien ne pouvait effrayer et qui méprisaient les autres tribus.

Ben-Tamy avait suivi Akmet.

— Ami, cousin, frère, lui dit le jeune homme, si tu ne me sauves, je suis perdu, perdu d'honneur, perdu de puissance, perdu enfin !

— Qu'as-tu ?

« Parle donc.

— Tiens ! dit Akmet.

« Regarde. »

Il montrait le ksour.

— Trois cents chasseurs sont là-dedans, dit-il, trois cents seulement.

« Ils m'ont tué quatre mille hommes à la montagne de sel d'El Arouch.

« Ils m'ont pris mes canons, à cette heure encloués et inutiles.

« Ils m'ont pris mon ksour.

« Ils viennent de me faire périr dix ou quinze mille guerriers.

« Ils sont dans ma casbah et je n'ai plus d'armée pour les attaquer.

— Je vais les prendre et les exterminer, moi ! dit Ben-Tamy froidement.

— Prends garde !

« Ils ont déjà fait sauter le ksour et je suis prévenu que la casbah est minée.

— Qu'importe !

« Laisse-moi faire.

« Dans deux heures, oui, dans deux heures, avant l'aube, tu seras vengé.

« Viens. »

Akmet reprit espoir.

Ben-Tamy lui fit donner un cheval, le plaça à ses côtés et le présenta à ses guerriers.

— Touareggs, leur dit-il, voici mon ami, mon cousin, mon frère ; celui qui a prêché la guerre sainte et qui est notre chef à tous.

« Ses guerriers l'ont lâchement abandonné ; ils se sont fait battre ignominieusement.

« Et par qui ?

« Par trois cents hommes qui sont retranchés dans la casbah qu'ils ont minée.

« Nous la prendrons, cette casbah.

« Nous trouverons bien, dans sept mille Touareggs, cinq cents hommes heureux de mourir martyrs de la vraie foi et glorieux à tout jamais.

« Si la casbah saute, ils iront tout droit au paradis des braves.

« Je vais faire fouiller la ville ; il me faut vingt chouafs (espions). »

Les Touareggs étaient réellement d'autres hommes que les cavaliers d'Akmet.

Plus de cent espions se présentèrent.

Ben-Tamy en choisit vingt et les expédia sur la place où ils pénétrèrent.

En attendant leur retour, Ben-Tamy se fit apporter un exemplaire du Coran et un grand registre ; le Coran fut placé sur une selle ; le registre fut déposé sur un dos de mahari couché.

On alluma des torches.

Alors Ben-Tamy monta sur son dromadaire, se dressa sur ses étriers et cria :

— Que les braves, que les hommes à cœur de lion, que les vaillants se présentent !

« Je les attends. »

Une foule enthousiaste s'avança ; chacun courut au registre où un kodja, le roseau en main, se tenait prêt à coucher les noms des volontaires (historique ; les chefs arabes renouvelèrent souvent ces cérémonies avant les actions de guerre importantes).

Chaque volontaire étendait la main sur le Coran et disait à haute voix :

— Par le Prophète, je jure de ne pas reculer, de périr s'il le faut, et de vaincre ou mourir.

Puis il dictait ses noms, ses prénoms, il indiquait son douar et sa tribu.

Le kodja lui donnait en échange un bout de parchemin signé, constatant qu'il était inscrit au livre d'*Honneur et de mort*.

Rien d'imposant comme cette scène.

Elle dura près d'une heure.

Les chaoucks revinrent comme les derniers hommes de la cinquième centaine se hâtaient de se faire inscrire ; ils firent leur rapport.

Le plus ancien prit la parole.

— Le ksour est vide, dit-il.

« La casbah est pleine.

« Les chasseurs l'occupent.

— Que font-ils ?

— Rien.

« Ils sont tous assis sur leur séant, le fusil entre les jambes, derrière les créneaux.

« De la mosquée, on les voit.

« Ils ne bougent pas.

« Pas un ne parle.

« Un homme qui semble leur chef, le Coupeur de Têtes, je pense, est sur une espèce de trône ; il a son chapeau sur sa tête et des chefs autour de lui ; il est là, aussi immobile qu'une statue.

« Nous pensons que ces hommes sont décidés à se faire sauter, si on les attaque.

— On verra, dit Ben-Tamy.

« Mais, pensez-vous qu'il y ait danger à pénétrer dans le ksour avec l'armée ?

— Non, dirent les chaoucks.

« La casbah seule peut être minée.

— En avant ! ordonna aux siens Ben-Tamy.

Les cavaliers arrivèrent sous les remparts, les volontaires en tête et à pied.

Ils passèrent les premiers.

Derrière eux les guerriers mirent pied à terre, un homme sur dix restant à la garde des chevaux; tous pénétrèrent dans le ksour.

Les différents goums, par diverses rues, débouchaient en face du palais.

Selon l'ordre, ils s'arrêtèrent.

Akmet et Ben-Tamy étaient montés sur la mosquée; du haut du minaret ils examinèrent la contenance des chasseurs qu'ils distinguaient assez bien, des torches éclairant vaguement la casbah.

Parmi les assiégés, les uns couchés sur le flanc ou sur le dos dans une pose abandonnée, la pipe aux lèvres, semblaient humer tranquillement la fumée de leur tabac qu'on ne voyait pas, bien entendu.

D'autres, le plus grand nombre, étaient assis sur leur séant, ou sur des pierres; ils tenaient leurs armes dans leurs mains.

Ceux-là fumaient aussi.

Enfin, Raoul, reconnaissable à son chapeau garni de plumes d'autruche, dominait tous ses compagnons du haut d'une terrasse.

Dix chasseurs l'entouraient, comme lui assis sur des sièges trouvés dans le palais.

— Que penses-tu ? demanda Ben-Tamy. Sont-ils gens à se faire sauter ?

— Oui ! dit Akmet.

— Il faudra sacrifier nos hommes, alors; c'est fâcheux, mais c'est nécessaire.

— Essayons de la fusillade! proposa Akmet; ils se rendront peut-être, si Raoul est tué.

— Essayons ! fit Ben-Tamy.

Et il cria :

— Feu du haut des terrasses des maisons, et vingt tireurs ici, au minaret.

En un clin d'œil les Touareggs eurent envahi les toits,

et ils commencèrent une fusillade meurtrière contre les assiégés.

Akmet attendait anxieux.

La casbah ne sauta pas.

— Ils attendent l'assaut ; murmura-t-il.

On voyait pourtant tomber des chasseurs assis ; mais pas un ne ripostait.

Ils se laissaient tuer sur place.

— C'est bizarre ; dit Ben-Tamy ; ils ne nous rendent point balle pour balle.

Akmet hocha la tête.

— Mauvais signe ! dit-il.

« Je les connais.

« Il y en a un qui est dans les caves et qui n'attend que le moment propice pour mettre le feu aux mines ; sois sûr que tes volontaires sauteront.

— Erreur ! dit Ben-Tamy.

« J'ai une idée. »

Il fit redoubler le feu.

Peu à peu tous les assiégés criblés furent tous couchés sur le sol.

Raoul, lui-même, roula de son siège qui fut brisé par les projectiles.

— Il était mort depuis longtemps ! s'écria Akmet ravi ; mais nous ne le savions pas.

« Un pied du fauteuil a été cassé, et il vient de basculer avec le corps.

« Enfin !...

« Le voilà bien mort. »

Ce fut une suprême consolation pour le roi du désert de voir le cadavre du Coupeur de Têtes gisant sur la terrasse et inanimé.

La fusillade se ralentit ; tout était mort, ou semblait l'être, dans la casbah.

Ben-Tamy appela ses volontaires au pied de la mosquée et leur dit :

— Vous allez faire mine de vous élancer avec de grands cris, et vous battrez en retraite aussitôt ; si un homme est aux poudres, il fera sauter les murs ; mais personne de vous ne périra.

5.

Les Touareggs exécutèrent cette manœuvre ; la casbah resta debout.

Il fallut prendre un parti.

— Dix hommes à l'assaut! ordonna Ben-Tamy ; c'est assez pour fouiller le palais.

Tous voulaient être des dix.

Le chef fit son choix.

Cette escouade envahit le palais, négligea d'examiner les cadavres, et fouilla le bâtiment.

Elle ne trouva rien.

Un express en prévint Ben-Tamy.

— J'y vais moi-même, dit Akmet ; je connais ma demeure et jugerai mieux que personne des dangers que l'on peut courir.

Ben-Tamy voulut le suivre.

Ils visitèrent tout et se convainquirent que rien n'était miné.

— Etrange ! fit Akmet.

Il courut à la terrasse.

Au lieu du cadavre de Raoul, il vit celui d'un Arabe, dont la barbe était taillée comme celle du Coupeur de Têtes et qui était revêtu de ses vêtements ; dans sa main froide, il tenait une lettre.

Akmet la prit, tremblant et l'ouvrit.

Il lut :

« Au sultan-el-Sahara, le Coupeur de Têtes !

« Salut :

« Quand tu liras cette lettre, moi et les miens nous aurons pris dans ton camp tes meilleurs mahara, et nous aurons sur toi sept heures d'avance pour gagner Laghouat ou Aïn-Meddy.

« Ton armée aura vécu !

« Ton ksour sera détruit.

« Nous emportons tes trésors.

« Quant aux corps placés dans les cours de la casbah, ce sont ceux de tes guerriers revêtus de nos habits; nous avons ramassé ces cadavres sous nos murs ; déguisés sous leurs burnous, nous avons fait semblant d'être blessés; tes colonnes ont passé sur nous, nous prenant pour des compagnons mutilés par le feu de l'ennemi.

« Tu as dit parfois que je manquais d'esprit et de ruse, que je n'étais que brave, que Nadief seul avait l'intelligence de la guerre.

« Je pense que ma ruse te prouvera que si Nadief, mon ami, est un fin renard, j'ai profité à son école.

« A bientôt.

« Je veux ta tête, et je l'aurai...

« RAOUL, COMTE DE LAVERY. »

Ben-Akmet, après avoir lu cette écrasante déclaration, la tendit à Ben-Tamy, chancela et roula sur un tas de cadavres...

XII

Un coup de poignard inattendu.

Au lieu de se rendre, Raoul avait frappé, comme d'un coup de foudre, ses ennemis.

Au lieu d'être vaincu, il était vainqueur; c'était Akmet, Akmet, à lui préféré par la marquise, Akmet écrasé, Akmet battu, qui pourtant avait su conquérir le cœur de la femme dont il avait été aimé.

Et Raoul gagnait Laghouat pour y refaire les forces des siens, pousser ce ksour et Aïn-Meddy sur le roi du désert, le cerner et le battre.

Les Français devaient se remuer aussi de leur côté ; il comptait sur leur appui ; il voyait, dans un avenir prochain, son rival forcé de lui rendre sa prisonnière; il ignorait le sort de celle-ci.

S'il avait su...

Sa dernière ruse était un chef-d'œuvre; le maréchal Bugeaud en connut le succès et les détails en France ; de France il lui envoya une lettre admirative que nous avons eue sous les yeux.

— Vous avez accompli l'impossible, mon cher comte, écrivait le vieux général.

Être cerné par une armée, l'anéantir et opérer sa retraite sans être inquiété, laisser derrière soi la ruine, la consternation, la mort, voilà ce que Raoul avait fait; le Sahara retentit de son nom.

Seule, la femme pour laquelle il avait agi ignora cet exploit.

Nous pensons que la lettre du Coupeur de Têtes a suffi pour faire comprendre au lecteur intelligent le tour joué aux Sahariens; tour d'une simplicité extrême, comme tout ce qui vient du génie.

Les chasseurs n'avaient négocié que pour gagner du temps et surtout pour laisser arriver la nuit; ils avaient élevé des barricades, miné des maisons du chemin de ronde et préparé la grande explosion.

D'autres avaient relevé des morts dans les fossés, mis de côté leurs burnous sanglants et les avaient vêtus de leurs costumes de chasseurs; les cadavres déguisés avaient été placés dans la casbah.

Puis on avait poussé la première attaque avec l'espoir justifié que même les tirailleurs embusqués battraient en retraite.

Profitant ensuite du premier moment de désordre, les chasseurs, emburnoussés à l'arabe, avaient quitté la ville, franchi les fossés et ils avaient rampé, isolés les uns des autres, vers le camp, s'arrêtant à bonne distance.

Ils avaient été pris, comme ils le supposaient, pour des blessés revenant au bivac; nul ne les avait interrogés; le soldat qui va au feu ne songe guère qu'à son attaque et au danger.

Au camp, ils avaient trouvé les tentes vides; tous les gardiens avaient quitté leurs postes et leurs factions pour aller vers la ville.

Espoir de piller!

Sans se presser, comptant sur l'explosion, les chasseurs avaient choisi les meilleurs mahara et ils s'étaient mis en route, quand le ksour avait sauté.

On juge de leurs rires en route!

Jamais troupe ne fit un voyage plus gai, plus bruyant, plus rapide.

On courait et l'on causait.

Les mahara, reposés pendant le siége, fendaient l'espace et semblaient voler.

En passant auprès des douars ennemis, dont presque tous les guerriers étaient au camp, les chasseurs les pillaient et les incendiaient.

Ils rentrèrent à Laghouat ayant brûlé trente-cinq villages et chargés de butin.

Ils reçurent une ovation triomphale de la part des Laghouatais, ennemis jurés d'Akmet qui avait essayé de raser leurs troupeaux.

Parmi les guerriers qui se portèrent à la rencontre des chasseurs, se trouva des premiers le kalifat du marabout d'Aïn-Meddy; le zouave Nicolle, dit *Belle-Plume* au régiment, depuis personnage puissant, sérieux et très-considéré.

Il était sur son départ.

Il avait organisé une caravane pour le transport de sa fortune; il avait fabriqué un ordre de son maître à l'escorte donnée à la marquise, d'avoir à conduire le kalifat et son convoi vers la frontière française et les cavaliers n'avaient, bien entendu, fait aucune objection sur ce point.

La veille de son départ, arrivait le Coupeur de Têtes vers le soir.

Il se fit par la ville un grand bruit; chacun courait vers les portes.

On avait signalé l'arrivée d'un goum.

Le zouave courut aux murailles et questionna les curieux.

— Un courrier, lui dit-on, a rencontré cette troupe; ce sont des chasseurs d'autruche qui, avec le Coupeur le Têtes, viennent ici, après avoir remporté des victoires éclatantes contre le sultan el-Sahara.

— Le Coupeur de Têtes! s'écria Nicolle; mais il est mort; on a vu sa tête.

— Le courrier l'a vu vivant.

— Où est-il, ce courrier?

— Là-bas.

Un cavalier pérorait.

Des groupes l'écoutaient.

— C'est lui! criait-il.

« Je l'ai vu de mes yeux.

« Il faisait piller le douar des Bella-Neinicha, quand je l'ai rencontré.

« Il m'a échangé mon mahari pour celui-ci qui court mieux et m'a dit :

« Annonce aux Laghouatais, mes amis, que vingt mille Sahariens ont péri.

« Annonce que nos coursiers plient sous l'or; annonce que nous allons semer les douros à pleines mains ; fais venir des almées.

« Annonce que nous avons soif de plaisir ; que mes compagnons veulent des houris.

« Va, courrier, vole.

« Qu'on nous prépare la diffa (festin). »

Nicolle n'en entendit pas davantage ; il courut à la maison où il logeait et il cria au planton qui montait la faction chez lui, comme un sapeur français chez son colonel :

— Qu'on selle et qu'on vienne me prendre ici; fissa, fissa (vite). Le planton courut au caravansérail et cria à l'escorte qui se trouvait au café maure en grande partie :

— A cheval !

En cinq minutes les deux cents cavaliers, dressés à l'obéissance passive, furent prêts.

— Qu'as-tu ? avait demandé Lisa.

— Ah ! l'enfant ! fit Nicolle. Quelle aventure, quelle affaire, quelle histoire.

« Le Coupeur de Têtes n'est pas mort, il arrive ; on l'a vu, on le voit.

— Ah ! mon Dieu ! s'écria Lisa.

« Et elle ?

— Dame ! ma fille !

« Elle est là-bas.

— Quel malheur !

— Que veux-tu ?

« C'est une fatalité.

« Cette femme m'a expliqué ses raisons ; elle veut se donner au plus digne.

« On lui a dit le comte vaincu ; elle est allée se jeter aux bras du vainqueur auquel, du reste, elle devait de la reconnaissance.

« Il l'a respectée.

— Que va dire le Coupeur de Têtes ?
— Ah ! l'enfant !
« Ça sera terrible.
« Je cours lui annoncer ça en douceur.
— Prends garde.
— Il vaut mieux parler que me taire.
« Voilà mes hommes. »
L'escorte arrivait.
Le zouave sauta en selle.
— En avant ! cria-t-il.
Il entraîna son monde vers la porte du Nardet, partit ventre à terre.
En un quart d'heure il eut rejoint Raoul, et il lui cria de s'arrêter.
Les deux troupes firent halte.
Les deux chefs s'avancèrent.
Raoul demanda :
— Qui es-tu ?
— Nicolle.
« Un zouave qui te connaît plus que tu ne le connais, et qui veut te rendre un service. »
Raoul examina l'homme qui lui parlait ainsi, reconnut la tête et lui serra la main.
— Tu étais du naufrage ? fit-il.
— Oui.
« Fais filer ton monde vers la ville, reste en arrière, j'ai à te parler.
— De quoi ?
— De cette jolie femme que tu as sauvée de la mer et de l'incendie.
Raoul tressaillit.
— Tu sais quelque chose d'elle ?
— Oui.
« Mais renvoyons notre monde. »
Raoul et Nicolle firent reprendre le trot vers Laghouat à leurs cavaliers.
Une fois seuls à l'arrière-garde, ils mirent leurs montures au pas.
— Je t'écoute, dit le comte.
Le zouave, en quatre mots, exposa sa position à Aïn-

Meddy; et arriva promptement à sa rencontre avec la marquise, racontant succinctement comment il l'avait délivrée de Mehemet.

— Où est-elle? demanda impétueusement Raoul.

— Du calme, dit Nicolle.

« Attends-toi à un rude coup.

« On te dit de bronze, mais tu mordrais le cou de ton dromadaire de fureur dans un instant, que je ne m'en étonnerais pas.

— Elle est donc morte?

— Non.

— Reprise?

— Non.

— Qu'y a-t-il?

« N'hésite pas.

« Tu me dirais qu'elle a eu quelque maladie affreuse, que je supporterais le choc..

« Vois!

« Je suis tranquille. »

Le zouave prit la main du comte.

— Tu sais qu'elle s'est donnée à toi comme à l'homme le plus remarquable qu'elle eût rencontré; du moins elle me l'a raconté ainsi?

— C'est vrai.

— Imagine-toi que nous avons rencontré des hommes qui se disaient des alliés à toi.

« C'étaient des gens découragés, fuyant le camp d'Akmet; ils nous mentaient.

« Ils ont déclaré que tu étais mort.

— Après?

— Que tu avais été vaincu.

— Et Marie?...

— Elle m'a déclaré que, devant être au plus digne, elle allait trouver Akmet.

Le zouave s'attendait à voir pâlir le Coupeur de Têtes; il ne broncha pas.

— Merci, lui dit Raoul.

Il souriait.

En ce moment Jeanne, qui était inquiète et retenait son

mahari, fut rejointe par les deux hommes; Raoul lui dit en riant très-naturellement :

— Jeanne, chère petite sœur, je t'ai souvent parlé de la marquise Anne-Marie de Nunez; je voulais en faire ma femme, ta sœur, notre amie.

— Je vais la voir? s'écria la jeune fille joyeuse, trompée par le sourire de son frère.

— Non!

« La marquise Anne-Marie de Nunez est une courtisane, rien de plus.

« J'ai inondé de sang le Sahara pour elle; elle est à cette heure dans les bras de mon rival; voilà les femmes, ma chère Jeanne.

« Si tu te conduisais ainsi, je te tuerais, pour l'honneur de notre nom.

— Tu vas la tuer, elle?

— Non.

« Je la méprise...

« Qu'elle vive!

« Je lui tuerai Akmet, voilà tout.

« Et, encore, ce ne sera pas par jalousie; je n'aime pas qui me dédaigne.

« J'ai juré de couper la tête de mon adversaire; je la couperai. »

Le zouave n'y résista pas.

Tant de fermeté, tant de dignité en face de l'abandon d'une femme passionnément adorée, une pareille grandeur d'âme l'enthousiasma.

— Raoul, lui dit-il, tout ce que tu avais fait et rien jusqu'ici, c'était la même chose; mais ce que tu viens de faire te grandit de mille pieds au-dessus des hommes les plus forts que j'aie rencontrés.

« Tu es surhumain! »

Et il lui tendit la main avec un respect visible, une admiration profonde.

On entra dans Laghouat.

Les gens du ksour, qui avaient frénétiquement acclamé les chasseurs, vinrent se faire en quelque sorte fouler sous les pieds du mahari de Raoul.

L'agha du ksour et sa suite étaient venus au-devant de

lui, et, honneur inouï, ce chef important, un prince, presque un roi, avait baisé la botte du comte en signe de vénération.

Plus de dix mille personnes voulurent toucher des lèvres le pan du burnous du vainqueur; on lui découpa ses vêtements par morceaux.

La diffa était prête.

Une diffa splendide.

Moutons rôtis embrochés tout entiers; couscoussous fumant dans d'immenses plats; jarres de lait pleines jusqu'au bord; quartiers de bœufs et de chameaux; un luxe inouï de viandes et de fruits.

Toute la ville fut en fête.

Les Laghouatais dressaient des nattes devant la ville; pauvres et riches, chacun apportait son plat au banquet; dix mille personnes burent et mangèrent.

Jeanne avait été conduite aux femmes de l'agha; elle n'assistait pas à ce repas; Raoul y avait la place d'honneur; l'agha lui-même le servait.

Après le repas, vinrent les danses d'almées.

L'agha avait lancé partout des cavaliers pour convier les danseuses des douars voisins; plusieurs centaines de femmes vinrent danser devant les chasseurs et les habitants, entassés derrière leurs hôtes.

La plus jolie de ces filles vint offrir une rose au comte, qui l'accepta.

Ses compagnons chuchotèrent.

Ils ignoraient qu'il avait étouffé en lui jusqu'au souvenir de la marquise.

Le bal se prolongea longtemps.

Vers deux heures du matin, les chasseurs prirent congé de l'agha et des habitants; ils regagnèrent leur camp, dressé avec des tentes fournies par leurs hôtes; ils y trouvèrent des barils d'anisette juive, liqueur fermentée tirée de la figue, et que beaucoup d'indigènes boivent malgré la défense du Coran.

Les chasseurs, enchantés, firent des punchs dans les barils défoncés.

Ils avaient emmené les almées...

La fête se termina par une orgie, comme de pareils hommes seuls peuvent en faire !

Raoul, sans se livrer à la débauche dont ses compagnons donnaient le spectacle, conduisit son almée sous sa tente, et... il fut galant.

Le lendemain, Raoul faisait appeler un nègre qui était connu parmi les chasseurs pour un excellent joueur de tambourin (derbouka).

C'était aussi un danseur distingué.

En Algérie, l'on danse seul devant un public qui regarde, immobile et fasciné par les poses lascives de l'exécutant; celui-ci s'accompagne d'ordinaire en frappant sur une peau de bouc tendue autour d'un cercle de bois.

Pour nous autres Européens, les danses arabes n'ont aucun attrait, sauf le cas bien rare où elles sont interprétées par de jolies femmes.

Sur les indigènes, elles exercent une fascination extraordinaire elles les jettent dans une espèce d'extase; pendant des nuits entières, les amateurs regarderont un danseur et seront plongés dans une torpeur béate.

Le nègre que Raoul avait demandé se présenta avec sa derbouka.

Il était tout étonné de l'appel fait à ses talents par le Coupeur de Têtes.

— Tu aimes donc la nercanda (sorte de valse) ? demanda-t-il tout surpris.

« Jamais je ne t'ai vu à mon cercle, pourtant.

— Je ne veux pas te faire danser, dit Raoul; je veux danser moi-même.

— Vraiment !

— Et tu vas me donner des leçons.

Le nègre rayonnait de fierté.

— Voilà de l'honneur pour moi, dit-il; surtout si tu profites de mes leçons.

« Déshabille-toi. »

Raoul se dépouilla de ses vêtements, et ne garda que la légère écharpe traditionnelle dont les nercandirs (valseurs) se ceignent les reins.

— Il s'agit, dit Raoul au nègre, de bien veiller sur mes gestes.

« Je veux que l'on me prenne pour un nègre abyssinien, danseur de profession.

« Ne laisse passer aucun détail; il y va de ma tête. »

Le nègre comprit que Raoul avait besoin de se déguiser ainsi pour quelque entreprise, et il apporta le plus grand soin à ses leçons.

— Tu as des dispositions, dit-il aux premiers pas; tu vas bien en mesure.

Raoul, en effet, avait le sentiment du rhythme; il avait la force et la grâce; il avait dans l'oreille les airs arabes, tant de fois entendus; il savait improviser des vers étincelants; il chantait à ravir la mélodie; il avait retenu tous les gestes, toutes les poses, toutes les allures des nercandirs, qu'il avait dû souvent regarder dans les diffas; il fut étonnant pour le nègre lui-même.

— Tu étais né danseur, lui dit celui-ci naïvement; tu as le meilleur alouka que j'aie vue.

— Alors je puis me risquer ?

— Oui, partout.

« Noir de peau, les cheveux frisés, nul ne te soupçonnera Européen.

« Vas-tu en avoir des bonnes fortunes !

« Veille seulement à tes coups de talons; tu relèves trop les doigts du pied.

— Merci de l'avis ! dit Raoul.

« Va me chercher le tatoueur.

Le tatoueur était un Arabe qui avait un talent surprenant pour vous piquer dans la peau des couleurs formant de bizarres dessins.

Il avait de plus le rare secret de faire disparaître ces marques ordinairement indélébiles; il employait pour cela le suc de certaines plantes.

— Tu veux donc te faire tatouer, Raoul? demanda-t-il en entrant.

— Oui.

« Mais pas de fantaisie surtout.

« Tu connais les figures que les Abyssiniens (1) se font tracer sur le corps ?

(1) Les nègres abyssiniens, assez nombreux en Algérie, forment

— Oui.

— Peux-tu me donner leur teint ?

— Certainement.

— Remarque qu'il ne s'agit pas de rester noir pendant quelques heures.

« Je veux que la pluie ne puisse me laver la couche de peinture dont tu vas me couvrir.

— Rien de plus facile.

— Néanmoins, je désire ne pas rester salem (nègre) à perpétuité.

— Sois tranquille.

« Je vais à Laghouat chercher ce dont j'ai besoin ; je reviens, et je fais de toi un Abyssinien superbe ; ce ne sera pas difficile.

« Cette race a le front haut, le nez d'aigle, l'œil hardi, comme toi.

« Personne ne te devinera Européen, sauf les chiens qui ont un flair merveilleux.

« Mais je te nantirai d'une pommade dont tu t'oindras chaque matin au jarret.

« Alors les *kelbs* (chiens), qui promènent toujours là leurs museaux quand ils veulent reconnaître un homme, te jugeront de race noire.

« Ils ne te dénonceront point par d'hostiles aboiements, ce qu'ils ne manqueraient pas de faire autrement.

— Quelle est cette pommade ?

— De l'huile, de la graisse et de la sueur de nerkoudis recueillie sur le dos de l'ami Eddin qui vient de te donner des leçons.

une caste qui a de singuliers priviléges ; ils ont un amin particulier, des usages, des rites spéciaux. Ils disent la bonne aventure, sont danseurs, jongleurs, improvisateurs et jouissent d'une grande indépendance.

Ils sont respectés des voleurs, des aghas, des chaoucks ; ils sont estimés des hommes et aimés des femmes.

Ce sont les plus heureux mortels de la colonie.

On leur attribue des pouvoirs mystérieux ; on les croit initiés au secret de la cabale ; pour l'Arabe, ils sont d'habiles sorciers.

« Je pétris sueur, graisse, huile et un peu de farine ensemble; ce n'est pas malin.

« Mais je vais à Laghouat.

« Attends-moi. »

Ce soir même, Raoul dansa devant les chasseurs, dont pas un ne le reconnut; le lendemain il partait pour le ksour du roi du désert.

Il emportait un mince bagage; mais dans ce bagage se trouvait un objet bizarre, enveloppé avec soin; c'était un masque.

Tout le jour, Raoul qui sculptait admirablement, avait travaillé à modeler une figure avec de la cire; il avait fabriqué un moule et coulé en plâtre un masque comme les antiques en portaient pour jouer la tragédie ou la comédie.

XIII

Le poëte.

Au ksour, Akmet avait pris audacieusement son parti de ses défaites.

La ville était détruite ; les trésors fabuleux de sa famille étaient dispersés ; mais sa casbah lui restait, et il allait posséder la marquise.

Il ne regrettait rien qu'à cause d'elle.

Il confia à Ben-Tamy le soin de reconstituer l'armée et de réveiller les courages affaissés, sous tant de revers sanglants ; puis il manda une partie de sa smala, et fit mettre son palais en état de recevoir sa fiancée.

La smala n'avait pas trop souffert ; elle n'avait pas été pillée.

Les habitants du ksour avaient perdu beaucoup, mais pas tout.

Toute case, toute maison a un silo où chacun enterre ses trésors.

Rien de plus difficile à trouver que ces cachettes admirablement dissimulées.

Toute la population revint.

Chacun retrouva sa maison ou l'emplacement de celle-ci, déblaya les décombres, ouvrit son silo et en tira ce qu'il avait eu le temps d'y cacher ; de l'or et des bijoux surtout.

Comme il arrive quand on craint de tout perdre et qu'on retrouve une partie de son bien, la joie régna bientôt dans la ville.

Akmet ne voulut pas la quitter.

Il réquisitionna les sept mille guerriers de Ben-Tamy pour relever les murailles qui furent réparées comme par enchantement.

Chaque famille réparait sa maison.

Celui qui était forcé de la reconstruire dressait une tente ; en huit jours le ksour était presque relevé de ses ruines, et avait repris un aspect riant.

L'espoir renaissait partout.

Akmet prodiguait aux siens et les promesses et les caresses ; il leur promettait la vengeance la plus éclatante, leur montrant les sept mille Touareggs de Ben-Tamy rangés sous les murs.

On reprit confiance.

Chaque jour Akmet avait envoyé deux courriers à sa fiancée.

Il la priait de patienter.

Enfin, il lui envoya le neuvième jour au matin Ben-Tamy, chargé de l'amener au ksour avec la smala et la famille qui était censée l'avoir adoptée ; deux mille guerriers suivaient l'ami du roi du désert, qui lui-même marcha au-devant de sa fiancée avec le reste de l'armée.

Le mariage était fixé pour le soir même.

De toutes parts on avait mandé les nerkourdirs et les nerkoudiras.

Almées et danseurs étaient venus.

Ils suivaient l'une ou l'autre escorte.

Lors de la rencontre des futurs, rencontre imposante qui eut lieu au milieu des salves de mousqueterie et de saluts échangés par dix mille poitrines, les danseurs et les danseuses vinrent entourer les deux fiancés, et formèrent une chaîne autour d'eux.

Mais tout à coup parut un Abyssinien monté sur un cheval de race.

Un danseur abyssinien a le pas sur tout autre ; ce n'est pas un exécutant ordinaire.

Celui-là semblait, du reste, être riche, car il portait un costume élégant, et son cheval pouvait valoir dix mille francs.

Il salua avec noblesse Akmet et la marquise, il fit signe à un cavalier qui lui tint la bride de son cheval, et se présenta à la mode orientale.

— Je suis, dit-il, salem-el-abissin, sidi-el-habj-abd-Erramman ; je suis taleb (savant) ; je suis poëte quand Allah m'inspire ; je suis danseur quand le djenoun (démon) souffle sur moi ; je suis l'homme des fêtes et des plaisirs ; je suis favori du prophète qui sème sous mes pas les fleurs de la joie ; mes paroles portent bonheur, et mes chants bercent doucement une première nuit d'amour.

« Akmet, tu es un grand guerrier, un de ceux pour lesquels j'aime à semer les perles du langage, les vers harmonieux qui tombent en cadence des lèvres de l'inspiré.

« Akmet, salut sur toi ! »

Le nègre, par l'étalage de ses titres de pèlerin, par un anaya du grand schérif qu'il portait sur sa poitrine, par son grand air, par un je ne sais quoi d'imposant, produisit une impression favorable.

— Sois le bienvenu, poëte, lui dit Akmet, et prends place à mes côtés.

« Je t'invite à ma noce. »

Abd-Erramman salua et se rangea à gauche d'Akmet ; les danses recommencèrent.

XIV

Une nuit de noces.

L'entrée au ksour fut biblique.

Aujourd'hui encore, les Arabes célèbrent leurs mariages comme les peuples pasteurs du temps d'Abraham; ce sont à la fois des cérémonies d'une simplicité touchante et d'une majesté imposante.

Le seul acte des épousailles qui fasse exception à ces mœurs primitives, c'est le contrat par-devant le cadi (notaire et juge).

La population en fête s'était portée en masse au-devant du cortége.

Les scènes de la smala s'étaient renouvelées avec plus d'ampleur et de solennité.

Le chemin était jonché de fleurs, de palmes, de burnous et de haïques; des arcs de verdure étaient dressés de toutes parts; à chaque pas on passait sous des arceaux formés d'écharpes et de ceintures; les gens du ksour étaient enthousiasmés.

Ils subissaient d'abord la réaction qui suit les terreurs profondes.

Ils supposaient la guerre terminée par la fuite des chasseurs.

Puis ils étaient ravis de ce mariage, qui leur donnait pour princesse une Française dont la beauté les frappait d'admiration.

Tout en nous méprisant fort, les indigènes, au fond de l'âme, nous sentent supérieurs à eux; ils subissent d'instinct notre ascendant.

Aussi était-ce un honneur pour la race que ce choix fait par la marquise d'Akmet pour son mari; le ksour en était fier.

Elle, au milieu des ovations, se laissait aller rêveuse, l'œil égaré dans l'espace; elle ne semblait pas se rendre compte de ce qui se passait autour d'elle; Akmet s'inquiétait.

Il s'informait près d'elle du sujet de sa mélancolie; alors elle lui souriait.

Ce sourire, seule réponse qu'elle lui donnait, il l'interprétait à sa guise; tantôt il se disait :

— Elle l'aime encore.

Tantôt il espérait.

— Elle songe à l'avenir de bonheur et de puissance qui s'entr'ouvre devant elle.

Sourire énigmatique pourtant.

Le poëte Abd-Erramman regardait souvent, lui aussi, la marquise à la dérobée; il avait alors des éclairs dans les yeux.

Elle, sans trop savoir pourquoi, s'intéressait à ce singulier personnage.

Au son de sa voix, elle avait tressailli, l'avait dévisagé curieusement, puis avait poussé un soupir, et ses regards s'étaient détournés de lui; mais sur lui les ramenait une invincible attraction.

Le cortége fit son entrée dans le ksour, après une brillante fantasia entre les deux troupes d'escorte, fantasia simulant une attaque, pendant laquelle le fiancé est censé enlever sa fiancée.

Ce jeu, grâce à la merveilleuse agilité des Arabes, est des plus brillants; quatre mille cavaliers simulèrent une mêlée furieuse, dont les entre-chocs furent d'un effet puissant; on n'imagine pas quelle fugue, quel brio, quelle furie les indigènes savent mettre à ces sortes de carrousels, en tout supérieurs aux nôtres.

L'œil est fasciné par ces spectacles guerriers; l'âme se laisse entraîner à l'enthousiasme, et l'imagination galope en croupe derrière les cavaliers lancés à fond de train dans l'arène.

La diffa suivit la fantasia.

Repas homérique !

Banquet pantagruélique !

Noces de Gamache !

Trente mille personnes eurent à dévorer cinq cents bœufs, quinze cents moutons, dix mille poules au couscoussou, un millier de jarres pleines de lait, une rivière de café noir, des montagnes de galettes.

D'ordinaire sobres comme des chameaux, les indigènes sont d'une gloutonnerie incroyable quand ils font ripaille, par hasard.

On se demande comment ils peuvent digérer les gigots et les quartiers de bœufs qu'ils avalent; le contenu fond dans le contenant.

La marquise et Akmet s'assirent à l'européenne dans une salle du palais, autour d'une table servie avec une recherche exquise.

Les chefs arabes les plus distingués avaient pris place autour d'eux.

Le service était fait à la française.

Akmet avait dû opérer plus d'un prodige d'activité pour offrir cette surprise à sa femme; car, depuis la signature du contrat, Anne-Marie de Nunez était la femme d'Akmet, el sultan el Sahara.

Il s'attendait à quelque exclamation de surprise, à un remercîment.

Mais elle était distraite.

— Madame, lui dit-il, si le ksour n'eût pas été dévasté par un siége, j'aurais pu vous offrir mieux; mais vous me tiendrez compte des circonstances; nous avons été pillés et brûlés par les chasseurs.

La marquise sortit de sa torpeur par un brusque soubresaut.

6.

— Vous me disiez, mon cher Akmet? demanda-t-elle affectueusement.

— Je vous priais d'avoir de l'indulgence pour le délabrement de mon palais, fit-il, pour la pauvreté de ma table, pour la mesquinerie de cette fête.

— J'ai mieux que de l'indulgence, répondit-elle du ton le plus aimable.

« J'éprouve de l'admiration pour la prodigieuse célérité que vous avez dû déployer.

« Nous sommes servis avec une exquise recherche; tout est d'un goût parfait.

« Votre accueil a été digne de vous et de ce pays de merveilles.

« Est-ce qu'en France un peuple entier serait venu à ma rencontre?

« Est-ce que des milliers de braves guerriers auraient pour moi simulé une bataille?

« Est-ce que, dans cette Europe prosaïque, quelqu'un domine quelqu'un?

« Ici, c'est le pays de la puissance pour les hommes supérieurs qui peuvent se tailler autour d'eux une domination égale à la longueur de leur épée; c'est le pays où la féodalité subsiste encore; on y vit en plein moyen âge, et une femme y retrouve les précieuses traditions perdues de cette chevaleresque galanterie qui poussait un homme à accomplir de grandes choses pour mériter d'être aimé. »

Akmet écoutait ravi.

Cette voix le berçait, caressant son orgueil, calmant ses inquiétudes, lui donnant la certitude qu'il était vraiment l'élu de la marquise, et qu'elle ne regrettait pas sa résolution.

Libre de tout souci, enivré d'espoir, il se laissa aller au charme.

Deux sièges égaux, pour lui et elle, étaient placés d'un côté de la table; en face devaient s'asseoir les autres chefs.

Il leur présenta la marquise.

— Frères, leur dit-il, vous vous étonnerez sans doute que, contrairement à nos usages et à nos mœurs, je fasse de celle que j'épouse mon égale.

« Mais quand vous aurez apprécié l'éminence de son esprit

et sa supériorité, vous comprendrez qu'elle est digne de l'honneur que je lui fais.

« Elle appartient à une des plus nobles familles de France ; elle est venue à moi, poussée par un amour que le prophète lui a mis au cœur ; je regarde comme une victoire brillante pour nous qu'une femme, pouvant choisir parmi les généraux français les plus illustres et les plus titrés, leur ait préféré un chef saharien.

« Elle a reçu en France l'éducation française ; elle m'a demandé d'être l'unique compagne de ma vie ; elle a stipulé qu'elle jouirait des avantages que les Français accordent à leur épouse ; j'ai consenti à promettre, et je tiendrai.

« Il est des femmes d'élite qu'Allah illumine de sa lumière et agite de son souffle ; elle est de celles-là, et, à la veille de la guerre que nous allons entreprendre, je m'estime heureux de cette fortune qui me survient, et la regarde comme d'un bon augure.

« Prenez place, frères.

« Un jour viendra où vous direz : « Le plus beau trésor du Sahara est l'épouse d'Akmet. »

Les chefs, préparés du reste à considérer la marquise comme une exception, savaient de combien nos femmes sont supérieures aux leurs.

Ils ne furent ni froissés, ni étonnés des résolutions d'Akmet, qui associait en quelque sorte la marquise à sa vie publique.

La beauté de la jeune femme agissait sur eux ; elle exerça de prime-abord un prestige irrésistible ; elle était de ces reines auxquelles on ne résiste pas ; tous ces hommes, habitués à voir dans leurs femmes des esclaves, se firent les esclaves de celle-là.

Tous s'inclinèrent devant elle.

Abd-Erramman, le poëte, convié au festin, ne baissa pas la tête devant la sultane.

Mais on ne remarqua pas cette protestation muette de l'artiste abyssinien.

Le repas commença.

La marquise y fut tour à tour sombre et riante, attentive et distraite ; une préoccupation profonde, dont elle cherchait à se débarrasser, l'occupait évidemment.

Pendant tout le souper, le poëte Abd-Erramman fut muet.

Lorsque l'on servit les sorbets, il se leva, prit sa mandoline arabe et préluda.

La marquise, dès les premières notes, fut saisie d'un tremblement convulsif.

Elle crut reconnaître le fameux morceau que Raoul lui avait joué un jour.

Le désert !

Mais le nègre, au lieu de l'exécuter sur le violon, le chantait en arabe, s'accompagnant sur la mandoline, et accusant les contours de la mélodie plus nettement que Raoul ne l'avait fait.

C'était la musique du comte sans être elle ; c'était sa manière aussi, mais plus rude ; c'était sa voix, mais plus sauvage.

Après la première strophe, qui avait plongé tous les spectateurs dans une sorte d'extase, la marquise demanda à Akmet :

— Seriez-vous assez bon, mon ami, pour questionner ce poëte, et savoir quel est ce chant ?

— C'est une ballade sur le Sahara ! dit Akmet ; je vous traduirai les paroles.

— Demandez donc quel est l'auteur de la musique à cet artiste.

— Abd-Erramman, dit Akmet, ta musique est céleste ; quel ange te l'a soufflée ?

Le poëte sourit.

— Akmet, dit-il, l'ange n'est qu'un homme ; un ennemi à toi peut-être.

« Je passais, — il y a un an de cela, — dans un ravin du Tell, au fond duquel on apercevait les gourbis de plusieurs coureurs de bois.

« J'entendis un chant divin.

« Celui-ci.

« Je m'approchai en silence.

« Un coureur de bois, sur un rocher, chantait seul ; il ne me vit point et continua.

« Cet homme était, comme moi, un poëte et un musicien ; en lui je reconnus un frère !

« J'écoutai jusqu'au bout.

« Quand il eut fini, je chantai à mon tour ; il m'écouta ravi et me tendit la main.

« Nous vécûmes longtemps ensemble, trois mois, pendant lesquels il me charma ; sans doute il aimait aussi mes improvisations.

« Puis nous nous quittâmes.

— Comment s'appelait-il, ce chasseur ? demanda curieusement Akmet.

— Je ne sais trop.

« Nous autres, gens de la tête et du cœur, nous vivons insouciants, comme les fleurs.

« Le soleil luit.

« La fleur aspire la lumière par tous ses pores, et ne s'inquiète pas de savoir le nom du soleil ; elle grandit et se délecte.

« Moi, j'avais l'art même devant mes yeux, l'art incarné ; jamais je n'ai pensé à lui demander comment les hommes l'appelaient.

« Je lui disais : frère !

« Il me répondait : frère ! »

Le jeune homme traduisit ce langage imagé à la marquise, qui se contenta de dire en fermant les yeux :

— Qu'il continue.

Le poëte reprit son chant.

Il le termina par une strophe improvisée sur la guerre, d'une vigueur et d'un coloris admirables ; tous les guerriers se levèrent, mus par un enthousiasme indicible ; devant eux, le barde avait évoqué l'image des combats, et des fantômes sanglants passaient et repassaient échevelés dans l'espace.

Les chefs, un à un, vinrent à Abd-Erramman ; chacun lui fit un présent.

Qui donna un collier.

Qui son yatagan.

Qui son burnous.

Qui son anneau.

Akmet offrit une perle.

La marquise seule ne donnait rien.

Elle était immobile, la main sur son menton, les yeux fermés, la tête douloureusement contractée ; elle demeura ainsi sans qu'Akmet osât lui rappeler que l'usage était de récompenser les bardes indigènes.

Il montra du doigt la jeune femme au poëte, et lui dit en arabe :

— Tu l'as plongée dans un songe extatique; elle voyage à cette heure dans l'azur.

Le nègre eut un bizarre regard.

Il préluda de nouveau.

C'était un chant français.

Un chant d'amour.

Il le dit merveilleusement, avec un accent guttural qui donnait aux mots une bizarre saveur; les joues de la jeune femme se colorèrent; des flots de sang lui montèrent au visage; elle s'anima...

Mais du regard seulement.

Le corps demeurait inerte.

Quant aux chefs et à Akmet, ils étaient comme fascinés; le barde les grisait de sa musique enchantée; ils n'avaient plus leurs âmes, comme dit le proverbe arabe; elles étaient à lui, voltigeant sur les cordes de la mandoline.

Pendant de longues heures, il les tint ainsi sous sa puissance, inépuisable, infatigable.

La marquise avait tour à tour pleuré et souri; elle avait oublié et s'était souvenu; tous ces chants étaient ceux dont Raoul l'avait bercée.

Elle se garda de le dire.

Le regrettait-elle ?

Voulut-elle conserver une illusion?

Quand Abd-Erramman s'arrêta et reprit place au milieu des convives enivrés, elle murmura quelques mots à l'oreille d'Akmet.

— Poëte, dit celui-ci, veux-tu te fixer près de nous? tu seras mon kalifat.

« Tu chanteras à mes guerriers les odes de guerre avant le combat.

« Tu chanteras les triomphes.

« Tu chanteras l'amour.

« Tu seras aimé, fêté, glorieux, le premier après moi; je te ferai riche et puissant.

— Je refuse ton offre, dit le nègre, parce que je ne puis renoncer à la liberté.

« Je suis l'oiseau qui aime à se jouer dans les airs, je suis la gazelle qui bondit dans l'espace, je suis le lion qui ne supporte aucun joug.

« Mais vous êtes, toi et *elle* (il montra la marquise), si beaux tous deux, que la poésie et la musique doivent s'unir pour bercer votre première nuit de noces.

« Laisse-moi non loin du harem, laisse-moi vous dire les ballades d'amour; j'en sais, et des plus belles; vous aurez cette nuit à vos baisers l'accompagnement des plus douces harmonies.

« Puis si je demeure, ce sera de mon plein gré; mais tu me laisseras libre.

— J'accepte, dit Akmet.

Cette proposition, qui peut nous paraître étrange, était conforme aux idées orientales, et ne choquait en rien les convenances.

Très-souvent le grand seigneur arabe fait donner près du harem une chambre à quelque barde, et celui-ci fait vibrer les échos du palais de refrains voluptueux, alors que le maître reçoit les caresses de ses femmes.

Akmet se leva.

Il était environ minuit.

Il fit reconduire ses hôtes, et entraîna la marquise vers un boudoir que n'eût pas désavoué l'hôtel le plus distingué du faubourg Saint-Honoré; il en ouvrit la fenêtre donnant sur un jardin embaumé, et dit à la jeune femme avec un regard passionné :

— Enfin, tu es à moi!

« Quelle nuit splendide!

« L'oasis est en fête!

« La nature est en joie!

« La brise nous apporte les âpres senteurs du Sahara mêlées aux parfums des fleurs.

« Et voici la voix du poëte qui s'élève et qui vibre, faisant palpiter nos cœurs.

« Ecoute... »

Il saisit la main de la marquise qu'il conduisit à la fenêtre.

Ils écoutèrent tous deux...

Abd-Erramman, avec une verve nouvelle, chantait toujours, et autour du palais tout faisait silence; une foule immense, accourue peu à peu, buvait ses paroles.

Longtemps il la tint suspendue à ses lèvres; puis sa voix s'éteignit.

La multitude s'écoula.

Chacun reprit le chemin de sa maison; tout s'endormit dans le ksour.

Tout et tous, sauf un homme.

Abd-Erramman.

Seul, la fenêtre close, seul dans sa chambre, seul, près du boudoir, il écouta.

Pas un bruit.

Il mit son oreille à une porte :

— Dormiraient-ils? se demandait-il.

Et il se débarrassa de sa mandoline, prit un long poignard à sa ceinture, puis, brusquement, avec une force irrésistible, il fit sauter la porte qui le séparait des deux mariés.

Un sofa était au fond d'une espèce d'alcôve; au-dessus du sofa brûlait une petite lampe éclairant à peine la salle, car deux épais rideaux enveloppaient ce lit indigène et en faisaient comme une alcôve discrète.

D'un bond, Abd-Erramman fut sur le sofa, poignard levé...

Et il vit...

Mais il recula surpris.

Il vit Akmet seul sur ce lit, et tout sanglant.

Un manche de poignard étincelait sur sa poitrine, traversée d'outre en outre; déjà le sang était figé et ne coulait plus de sa blessure.

Le Coupeur de Têtes (car c'était lui) se retourna stupéfait, cherchant la marquise; il la vit assise sur des coussins.

Il courut à elle :

Elle était évanouie.

Il comprit tout.

— Marie, chère Marie, lui murmura-t-il à l'oreille, reviens à toi.

« Je suis à tes genoux. »

Elle ouvrit les yeux.

A la vue du nègre, elle se releva, chercha à saisir une arme, puis s'écria :

— Pitié !

« Laissez-moi mourir !

— Marie, c'est moi ! dit le comte.

Elle le regarda frissonnante.

— Toi !... ah !...

« Toi !... » répéta-t-elle.

Mais son œil ne reconnaissait point l'homme, si l'oreille reconnaissait la voix.

Il jeta une perruque qu'il portait et, tout noir qu'il fût, elle distingua ses traits, étouffa une exclamation et tomba dans ses bras.

Après une longue effusion, elle lui demanda :

— Tu n'es donc pas mort ?

— Tu le vois, dit-il en souriant.

« Je vis et je t'aime.

— Pourquoi ne m'as-tu pas fait comprendre que tu étais là, mon ami ?

« Tu m'aurais épargné des heures d'épreuve et d'anxiété bien longues.

— On m'avait dit que tu aimais cet homme et que tu étais venue à lui.

— Pour le tuer et te venger !

— Chère Marie ! s'écria-t-il.

— Mon Raoul !

Elle l'étreignit de nouveau dans ses bras comme une folle; elle le couvrit de baisers.

— Va ! lui dit-elle, je suis bien heureuse; j'ai réussi même à me sauver d'un baiser; il n'a effleuré que mes doigts de ses lèvres.

« Je l'ai bien tué !

Elle était triomphante...

Si elle avait su quelles nuits Akmet avait passées près d'elle...

Raoul doutait, lui.

Il n'en fit rien voir.

— Marie, dit-il, il faut fuir.

— Ce sera bien difficile.

— Je ne le crois pas.

« Mes précautions étaient prises. »

Il jeta un haïque sur le corps d'Akmet, ordonna à la marquise de demeurer dans la chambre et de l'attendre un instant.

— Pas longtemps, dit-elle.

« J'ai trop peur !

— Après un pareil acte de courage !

— Hélas ! mon ami, je suis brave et poltronne à la fois ; le coup porté, j'ai roulé sur ces coussins et j'y ai perdu connaissance aussitôt.

— Ne crains rien.

« Tu m'entendras parler. »

Il sortit.

Derrière lui, elle ferma la porte.

Raoul remit sa perruque et appela.

Un chaouck accourut.

— Le maître, lui dit Raoul, veut aller avec son épouse respirer l'air des palmiers.

« Selle deux chevaux.

« Prépare les armes du maître.

« Tu ne feras aucun bruit, tu n'éveilleras personne ; c'est une fantaisie de la Française, qui ne veut être vue de personne parce qu'elle est un peu confuse sans doute ; ainsi, prends tes précautions, l'ami.

Le chaouck se hâtait.

— Attends, dit Raoul.

« Tu préviendras aux portes qu'on laisse passer sans questionner ; tu les précéderas sans te montrer.

« Tu resteras en ville.

« Le maître trouvera sans toi les deux chevaux à la sortie du palais.

« Qu'un seul palfrenier, un négrillon, les tienne en bride ; qu'il tâche, ce négrillon, de ne pas trop se montrer et de disparaître aussitôt.

« Ces Françaises sont d'une pudeur outrée ; l'idée de se montrer, quittant la couche nuptiale, les fait rougir comme des roses.

« Va !

« En l'absence du sidna, que nul n'entre chez lui. »

Le chaouck courut empressé.

Raoul rentra.

Il fouilla un paquet renfermant un petit coffret; dans ce coffret, se trouvait un masque.

La marquise étonnée le regardait faire; elle jeta un léger cri en voyant le masque.

C'était celui d'Akmet.

Devant un miroir, Raoul l'attacha par le col et par le sommet du crâne; il plaça ensuite autour de sa tête et du moulage son haïque, le retenant sous une culotte mauresque et un cordon en poils de chameau; puis il s'enveloppa du burnous d'Akmet, jeté sur les nattes du boudoir.

— Est-ce bien lui? demanda-t-il alors à la marquise; le reconnais-tu?

— Tous s'y méprendront dans la nuit, dit-elle; surtout si tu es à cheval.

— Je l'ai fait de souvenir, observa Raoul; mais j'avais ses traits gravés dans ma tête.

— Il est frappant, observa la jeune femme.

— Demain, au jour, nous pourrons comparer, dit Raoul; car nous aurons sa tête sous la main.

Et il alla vers le sofa, retira le poignard de la plaie et s'en servit pour décapiter Akmet.

Il enveloppa d'un foulard cette tête chaude encore et l'attacha sous son burnous à sa ceinture; la marquise ne protesta pas contre cette horrible exécution.

— Fuyons, maintenant, dit-elle.

— Un instant! fit-il.

« Les chevaux ne sont pas prêts.

« Puis il faut que l'on sache qui a passé par ici. »

Et trempant son doigt dans le sang du cadavre, il inscrivit au mur :

« LE COUPEUR DE TÊTES A PASSÉ ICI! »

Puis, tranquillement :

— Pourquoi avais-tu dit à ce zouave qui t'a sauvée que tu te donnais à Akmet?

— Pour que le bruit s'en répandît; pour que rien ne me trahît; pour réussir.

Puis, joyeuse :

— Quel bonheur! dit-elle, que tu ne sois entré qu'après la

mort de ton rival; j'aurais peut-être subi le même sort que lui!

— Non! dit Raoul.

« Je t'aurais laissée vivre. »

Elle songeait aussi :

— Comment t'es-tu échappé d'ici? demanda-t-elle; tous tes amis sont morts.

— Mensonge! fit-il.

« Nous avons toujours été vainqueurs; je te conterai cette longue série d'exploits.

— Il mentait donc?

— Comme un chien.

« Mais l'heure est venue. »

Il prit sous son bras celui de la jeune femme, et, connaissant le palais, le lui fit traverser pour gagner la sortie principale.

Le chaouck avait fidèlement exécuté les ordres du maître; personne n'était sur le passage des deux fugitifs, qui trouvèrent les chevaux prêts.

Ils se mirent en selle, parvinrent à la porte qui s'ouvrit et sortirent.

La marquise poussa un large soupir de satisfaction et se sentit soulagée d'un grand poids.

— Enfin nous sommes sauvés! s'écria-t-elle.

— Pas encore! dit-il.

Il montra devant lui une troupe de cavaliers qui arrivait droit sur eux.

— Evitons-les ! dit-elle.

— Impossible ! dit-il.

« Mieux vaut leur parler.

« Ils nous poursuivraient si l'on gagnait du champ. »

Bientôt les cavaliers furent proches, et Raoul reconnut à leur tête Ben-Tamy!

Ben-Tamy, l'ami d'Akmet.

— Perdus! fit la marquise.

« Il faudra lui parler!

« Il te reconnaîtra. »

Raoul visitait les armes d'Akmet emportées par lui sans mot dire...

XV

La fuite.

La marquise vit avec surprise Raoul arracher son masque et redevenir Abd-Erramman.

— Peut-être t'aurait-il pris pour Akmet ! lui dit-elle ; à ta place...

— Eh ! chère Marie, fit-il, voilà que nous nous croyons plus habiles que notre seigneur et maître ! Aie donc confiance en moi.

« Avec des gens de basse classe, qui ne peuvent m'interroger, le masque est bon.

« Avec Ben-Tamy, je dois parler.

« Il me reconnaîtrait. »

Il assujettissait son haïque.

— Enveloppe-toi bien de tous tes voiles ; ordonna-t-il ; ne parle pas.

« Nous leur échapperons. »

On s'approchait.

Ben-Tamy, en tête, regardait les nouveaux venant et les examinait.

Mais, sans défiance.

Rien d'étonnant à cé qu'un habitant du ksour le quittât la nuit.

Quant à la femme qui l'accompagnait, on pouvait la supposer à lui.

Toutefois, Raoul interpella Ben-Tamy le premier, poussant sa monture vers lui.

— Salut, sidna (monseigneur) lui cria-t-il. Enchanté de t'avoir rencontré.

— Salut, poëte.

« Ravi de t'avoir trouvé sur mon chemin.

« Où vas-tu ?

— Dieu le sait.

— Tu quittes le ksour ?

— Oui.

« Akmet m'a fait présent de ces deux chevaux, d'une belle esclave que voici.

(Il montrait la marquise.)

Et il ajouta :

— Je vais errer à l'aventure, comme toujours ; apportant la joie et les chansons là où je passerai ; j'ai du bonheur dans les plis de mon burnous.

— Abd-Erramman, je t'invite à mes noces ! fit Ben-Tamy ; je me marie après la guerre, et te veux comme barde au festin nuptial.

« Quand tu entendras dire que la guerre avec les Français sera terminée, accours vers moi ; je te donnerai, moi aussi, des coureurs de sang, des présents *de tribut admiratif* et des esclaves.

« Dieu te garde !

— Le prophète te conserve !

Ils allaient se séparer.

Ben-Tamy semblait pressé.

— Irais-tu vers Akmet, par hasard? demanda Raoul.

— Oui.

— Quoi !

« Tu vas troubler son repos?

— Il le faut.

« J'ai de graves nouvelles à lui apprendre.

« Au revoir. »

Et Ben-Tamy piqua des deux.

Raoul et la marquise l'imitèrent.
— Fâcheuse rencontre, dit le jeune homme.
— Mais il ne nous a pas reconnus !
— Il va au palais.
« Il y trouvera son ami décapité.
— Et il nous poursuivra.
— Mon Dieu, oui.
— Nous atteindra-t-il ?
— C'est probable.
— Fuyons !
— Ménageons nos chevaux, au contraire ; si nous les épuisons maintenant, que ferons-nous plus tard ; nous prendrons la chasse à temps.
— Ah ! Raoul, que tu es bien toujours le même homme ; que tu as un beau sang-froid !
— En ceci, je suis supérieur à celui qui fut Akmet, et que tu as si bien tué !
— Pauvre garçon !
— Plains-le.
— Mon ami, il m'a aimée.
« Voilà son seul tort. »
Raoul eut un regard sombre.
— Il t'a trop aimée ! murmura-t-il.
Elle comprit l'allusion.
— Il a été d'une délicatesse extrême, s'écria-t-elle ; il m'a toujours respectée.
Raoul respira :
— Merci de cette réponse ! dit-il radieux.
« Certes, le corps n'est rien, comparé à l'âme ; mais j'ai la faiblesse de tenir à sa pureté comme à celle de l'âme, quoiqu'à un degré moindre.
— Mon ami, j'eusse été vierge en tombant entre ses mains, je serais vierge encore, vierge même d'un baiser, vierge d'une caresse.
« Du reste, s'il n'en était pas ainsi, je ne serais pas à tes côtés.
— Pourquoi ?
— Je serais morte...
(Si elle eût su...)
Il y eut un silence.

Raoul ne protesta pas.

Toutefois il semblait ravi.

La marquise changea l'objet de la conversation, et demanda au comte :

— Mon ami, supposons-nous à Alger, libres et heureux ; que ferais-tu ?

— Et mes projets ?

— Tu n'y renonces pas ?

— Jamais ! dit-il.

« J'irai au trésor qui renferme d'incalculables richesses, et je réaliserai mon rêve.

« Dans un an j'aurai conquis le Soudan ; dans deux ans j'aurai organisé un empire de vingt millions de sujets nègres et chargé cent vaisseaux de dents d'éléphants, de poudre d'or et d'huile de palme.

« Dans quatre ans j'aurai une flotte de guerre, j'aurai mille nègres disciplinés.

« Alors, à moi l'Inde.

« Alors, à toi le trône de l'Asie.

« Alors, rien ne bornera ni ton ambition, ni la mienne ; deux cents millions de sujets se courberont sous mon sceptre ; le monde nous appartiendra.

— Et dire, s'écria la marquise, que pour renverser de si belles espérances, il suffira, dans quelques heures peut-être, de deux cents cavaliers.

« Ben-Tamy peut nous prendre.

— Pas vivants toujours.

Et Raoul, sans se préoccuper du danger si proche, ne parla que de ses rêves gigantesques.

Toutefois, quant à l'aurore, parut une troupe de poursuivants, il dit :

— Ces gens ont des maharas !

« Il est fâcheux que nous n'en ayons pas.

— Pourquoi n'en as-tu pas demandé ?

— Parce que j'avais remarqué qu'il n'y en avait pas un seul aux écuries.

« En envoyer chercher au camp eût été trop long, trop dangereux ; c'était imprudent.

— Et ils vont nous joindre !

— Indubitablement.

— Raoul, tu me tueras !
— Au dernier moment, oui.
— Merci, dit-elle.
— Mais, fit-il, ce dernier moment nous n'y sommes pas encore, chère Marie.

« Je t'ai appris à tirer.
— Il va falloir se battre ?
— Un peu.

« Ajusterais-tu bien un homme ?
— Je le crois.
— Si tu peux abattre un guerrier, un seul, nous avons des chances de salut.

Et Raoul alors expliqua son plan de fuite très-minutieusement.

— Serai-je assez brave ?

Telle était la question.

— Oui, si tu m'aimes.
— Alors, fit-elle, je serai héroïque ; car je t'adore.

Et ils continuaient à chevaucher, sans toutefois fatiguer leurs montures.

En face d'eux se dressait une montagne de sel, comme on en trouve au Sahara.

Cependant, les cavaliers qui faisaient la chasse éperonnaient leurs maharas.

Nombreuse était la troupe.

Mais différents étaient les coureurs.

Un groupe d'une trentaine de mahara tenait la tête et gagnait.

Bientôt il eut une demi-heure d'avance sur toute la bande en course.

Petit à petit, sur ce groupe, quelques bêtes demeurèrent en arrière, moins rapides.

Enfin, cinq mahara se détachèrent.

Ceux-là de fine race.

Parmi les cinq un buta dans un trou mouvant et s'abattit ; il avait la jambe cassée, et se trouvait hors de service, bon à tuer.

Restaient quatre.

A cinq minutes suivaient dix ou douze cavaliers ; puis le reste s'échelonnait.

7.

Avec les quatre premiers était Ben-Tamy exaspéré qui avait trouvé le cadavre d'Akmet, et avait juré de tuer Raoul-el-Lavery (comme disaient les indigènes) peu familier avec nos titres.

Ben-Tamy voyait la montagne se dresser devant lui ; il se hâtait.

La chaîne de collines était longue, épaisse, profonde, sinueuse ; il le savait.

Dans les replis pouvaient se cacher les fugitifs, non pour bien longtemps ; le Touaregg avait assez d'hommes pour cerner les mamelons de sel ; mais il était impatient de couper cette tête illustre de Raoul, dont la main avait tant de fois frappé les indigènes.

Il y avait à peine deux mille mètres entre lui et les fugitifs quand ceux-ci s'engouffrèrent dans un ravin ouvert à la base de la montagne, et disparurent dans cette gorge étroite et sombre.

Le soleil, levé depuis une heure, n'était pas encore élevé à l'horizon ; il éclairait mal le défilé dans ses anfractuosités.

Le Coupeur de Têtes n'avait pas dix minutes d'avance ; Ben-Tamy criait aux siens :

— Hardi !

« Hardi !

« Il est pris.

Tout à coup, en s'enfonçant dans le ravin, Ben-Tamy vit à cinq cents mètres au plus Raoul attardé avec sa compagne ; ils avaient dû avoir été victimes de quelque accident ; ils repartaient après s'être arrêtés pour serrer quelque boucle de l'harnachement.

— Hardi ! répéta Ben-Tamy.

« Nous le tenons !

Il poussa son mahari.

A un certain endroit, le défilé se rétrécissait ; des blocs de sel se dressaient de chaque côté des pentes et présentaient des aspérités.

A ce point, à peine voyait-on assez pour bien distinguer un cheveu blanc, d'un noir (expression arabe) ; par delà, la gorge allait s'élargissant.

Soit que les montures des fugitifs fussent à bout, soit tout autre motif, à chaque temps de galop, leur élan se ralentissait visiblement.

Ben-Tamy triomphait.

— You! you! criait-il.

« A nous le Coupeur de Têtes!

Et les Touareggs répondaient par des yous yous sauvages dont ils ont l'usage.

Tout à coup, Ben-Tamy fut enlevé de sa selle comme par une main invisible, et roula par terre; les deux guerriers qui le suivaient, puis le troisième furent aussi culbutés, et les maharas lancés, continuèrent leur course sans leurs maîtres, ne s'arrêtant qu'à trois cents pas de là.

Raoul s'était avisé d'un piége qui avait parfaitement réussi. Il avait déroulé la corde d'entrave, que tout cheval de guerre porte derrière la selle; il avait fait halte et tendu cette corde en travers du ravin à hauteur de poitrine de cavaliers; les deux extrémités en étaient attachées aux blocs de sel débordant.

Les Touareggs avaient rudement heurté cette faible barrière, et avaient été désarçonnés; le Coupeur de Têtes et la marquise revenaient sur eux à toute bride, pistolets au poing tous deux.

— Feu! sur celui-ci! disait Raoul à la jeune femme, lui désignant un Touaregg évanoui et inanimé sur le sable.

Elle le tua très-proprement.

Quant à lui, il essuya le feu du quatrième cavalier, reçut une balle au bras, mais cassa la tête de son adversaire; un autre guerrier déchargea son fusil sur lui et le manqua.

Il eut deux balles, celui-là.

Une de Raoul.

Une de la jeune femme.

Quant à Ben-Tamy, il avait heurté du crâne un bloc de sel.

La cervelle avait jailli hors de la boîte osseuse, et souillait le sol.

— En route! dit Raoul.

Ils coururent aux mahara sans maîtres, laissant la corde toujours tendue.

Raoul tua deux des dromadaires, et prit les deux autres, il en monta un, aidant la marquise à se hisser sur le second.

— Pourquoi as-tu tué ces pauvres bêtes ? demanda la jeune femme.

— Elles ne nous servaient point, jolie questionneuse, et elles auraient pu leur servir.

« Ne sont-ce pas les meilleurs coureurs de l'armée de ce pauvre Ben-Tamy ?

« Ah ! chère Marie, que vous êtes curieuse de savoir la raison de mes actes.

— Mon ami, je veux me former.

— A quoi ?

— A la vie du désert.

— Ma chère Marie, n'espère pas que je t'emmènerai avec moi par le Sahara.

« Mais, piquons ; on nous talonne. »

Ils s'éloignèrent.

Arrivés à mi-côte, Raoul arrêta son mahari et la jeune femme l'imita.

— Que fais-tu ?

— Je veux voir le spectacle de la chute des Touareggs, dit Raoul en riant.

« Ce sera curieux.

« D'ici on aperçoit la gorge.

« Tenez, marquise !

« Regardez ! »

Une douzaine de guerriers couraient à toute bride, ils donnèrent sur la corde, et furent enlevés le plus joliment du monde.

Il y eut un entassement de dromadaires et d'hommes qui boucha la gorge.

— Bon ! fit Raoul.

« Ils en ont pour quelque temps à se dépêtrer ; marquise, en route.

Ils reprirent leur course.

Mais Raoul ne voulut pas qu'on poussât les coursiers ; il en prit à son aise.

Tout à coup, il entendit une voix lui crier qui vive ! et halte-là !

Ce en français.

— Ami ! répondit-il.

— A qui diable avons-nous affaire ? se demandait le jeune homme assez étonné.

Un homme se leva.

C'était un zouave.

— Qui es-tu ? demanda la vedette.

— Le Coupeur de Têtes.

— Blagueur ! fit le soldat.

« Le chasseur est Français.

« Toi tu es nègre. »

Et il ajouta :

— Si tu bouges, si tu fuis, tu es mort; il y a derrière moi dix hommes qui te tiennent en joue.

— Je ne bougerai pas ! dit Raoul en riant.

« Mais si je te parais si noir, c'est parce que je me suis grimé, l'ami. »

Un caporal était venu en rampant :

— Eh ! fit-il, l'homme au mahari ! Avance un peu à l'ordre, mon camarade.

Deux hommes avaient quitté le poste, toujours en rampant, puis s'étaient dressés près du caporal, tenant le fusil haut, le doigt à la détente.

— Diable ! fit Raoul.

« Les zouaves sont toujours les zouaves; quel luxe de précautions.

« Vous faites la bonne guerre.

— On sait à qui on a affaire ! dit le caporal. Mais trêve de bavardage.

« Pied à terre et viens à l'ordre. »

Raoul sauta à bas du mahari et vint à la rencontre du caporal.

Celui-ci ordonna qu'un homme tînt Raoul à vue d'œil et à portée de canon; puis il alla prendre la bride du mahari de la marquise et lui dit en sabir, la prenant pour une femme indigène.

— Ne craignez rien.

« On n'est pas si Turc qu'on en a l'air, la consigne est la consigne. »

Un autre zouave conduisit l'autre mahari; Raoul était déjà au poste.

Ce poste avancé, gardé par dix hommes, faisait comme une

petite redoute, enfoncé dans le sable et dont on n'eût pas soupçonné l'existence; un sergent y commandait.

Raoul le connaissait un peu.

— Tiens, dit-il, voici le sergent Douba, auquel j'ai un jour offert l'hospitalité dans mon gourbi, auprès de la source de Temoutchen.

Le sergent, vieux troupier, fixa son œil gris et intelligent sur le chasseur.

— Ah! fit-il, le Coupeur de Têtes en nègre! Bonne rencontre, ma foi!

« Et vous venez d'enlever une jolie fille aux Touareggs, monsieur le comte!

— Oui, dit Raoul.

« Mais on me poursuit.

— Combien sont-ils?

— Dans les deux ou trois cents.

— Diable! fit le sergent se grattant l'oreille.

Et il demanda :

— Sont-ils loin?

— Ils se sont arrêtés autour de quelques morts que je leur ai faits!

« Dans un quart d'heure, ils reprendront la chasse, très-probablement. »

Le sergent Douba se gratta le bout du nez, signe de préoccupation.

— Ah! fit-il, vous en avez tué?

« Toujours intrépide, monsieur le comte.

« Quel général vous feriez! »

Le sergent se montrait, on le voit, on ne peut plus gracieux; il ruminait quelque chose.

— Vous serait-il égal, monsieur le comte, demanda-t-il, de me faire plaisir?

— Certes, sergent, je m'estimerai heureux de vous être agréable.

— Eh bien! emmenez votre petite Touaregg au camp et ne dites pas que vous m'avez parlé des gens qui vous poursuivaient, je vous en prie.

— Pourquoi?

— Parce que j'ai ordre de me replier, si par hasard on m'attaquait.

— Et vous ne voulez pas reculer ?

— Ça m'ennuie, vous comprenez.

— Eh bien ! sergent, une question ?

— Deux si vous voulez.

— Est-ce que je vaux un zouave ?

— Ah ! monsieur le comte, on vous estime, ici, vous le savez bien ; vous êtes un homme, vous.

— Alors qu'un de tes lascars, sergent Douba, conduise ma prisonnière (comme vous dites) au bivac ; moi, je resterai ici pour vous aider à repousser l'ennemi.

— Voilà qui est parler ! s'écria le sergent ravi.

« *Passe-Lacet !*

— Sergent ?

— Conduis la petite Touaregg au camp ; tu tâcheras de n'y arriver que quand nous nous engagerons contre l'ennemi ; tu m'entends, Passe-Lacet ?

— Mais, sergent, vous allez vous plumer ici, moi je n'en serai pas ; c'est injuste.

— Est-ce ton tour de corvée ?

— Oui, sergent.

— Eh bien ! décampe !

Passe-Lacet ouvrit le bec.

— T....... de D... dit le farouche Douba dont le poil se hérissa, si tu répliques encore je te f... mon pied au c...

Le zouave Passe-Lacet, quoique rétif comme un âne de Provence, savait par expérience que le père Douba ne riait pas.

Il s'en alla.

— Je suis fâché pour ce garçon, dit Raoul, de prendre ainsi sa place.

« Mais il me répugnait de mentir.

« On m'aurait demandé si je vous avais prévenu, et comme un mensonge me coûte, je préfère rester ici pour éviter les questions.

— Merci, monsieur le comte.

« Merci. »

Les zouaves étaient ravis.

— Comment une colonne française est-elle ici ? demanda Raoul.

— C'est un de vos amis, Nadief, qui est venu nous prévenir à Batna que les Arabes du désert se remuaient comme des vers à queue.

« Alors on a rassemblé cinq cents fantassins, deux cents cavaliers, et on s'est mis en route pour flanquer une pile au roi du désert, un gueux qui nous a trahis.

— Nadief est au bivac !

— Non !

« Il est allé à Laghouat et à Aïn-Meddy pour que les goums de ces ksours nous viennent en aide ; nous nous sommes établis ici, et les Touareggs ne s'en doutent pas. »

Puis il cria à la sentinelle :

— Eh ! là-bas, la vedette, dit le sergent ; tu te replieras sur le poste.

— Oui, sergent.

— Tu es assez blagueur pour blaguer un peu le commandant, n'est-ce pas ?

— Certainement, père Douba.

— Tu lui conteras que nous avons été surpris ; comme ça on n'aura rien à dire.

Raoul regardait le sergent.

Il le vit décoré.

— Vous avez la croix ! lui dit-il.

« Pourquoi diable vous exposer ainsi ; car vous ne comptez pas devenir lieutenant ?

— Ah voilà !

« La croix à gagner n'est pas pour moi.

« Je l'ai !

« C'est pour Brin-d'Herbe et Casse-Tous-Grains, qui sont les plus anciens ici.

« Et puis, on sera tous cités à l'ordre.

« Ça fera enrager la troisième du premier où ils font les farauds.

« Ça compte une croix de plus que nous autres dans la compagnie, et ça se donne des airs de Tranche-Montagne à cause de ça.

« Il faut que ça finisse. »

Le sergent se tourna vers ses hommes :

— Au-dessus de la cartouche une balle coupée en quatre ! dit-il.

« On va vous les démolir proprement! ajouta le vieux sergent en riant.

— Mais ils vont sauter dans le poste! observa Raoul au sous-officier.

— Spit! fit celui-ci.

« Ils resteront à trente pas.

« Vous verrez !

— Pourquoi ?

« Dix balles ne les arrêteraient pas.

— Que si.

« Que si.

— Ils sont braves !

— Ça ne fait rien.

« Je vous parie une bouteille de schnick pour l'escouade et moi et vous, bien entendu, que les Touâreggs, qui vont arriver comme une giboulée de mars, s'arrêteront net comme torchette.

« Il y a mieux.

« Ils ne battront même pas en retraite avec leurs mahara, et seront forcés de mettre pied à terre, nous abandonnant leurs bêtes !

Raoul était tout étonné.

— Prenez les sacs de toile, dit le vieux sergent, et répandez-moi ce que vous savez tout autour du poste, les enfants.

Les enfants ne se le firent pas dire deux fois.

Ils emportèrent des espèces de musettes, très-lourdes, et en semèrent le contenu à cent pas autour du poste ; ils se hâtèrent et revinrent.

Raoul était très-intrigué.

— Que diable contenaient donc les musettes ? demanda-t-il au sergent.

— Des amulettes! dit le sous-officier d'un air narquois.

Le comte comprit que le père Douba voulait jouir de sa surprise, et se résigna à attendre.

En ce moment, Passe-Lacet accourut.

— Te voilà ! fit le sergent.

— Oui, père Douba.

« Ne faites pas votre tête de sanglier effarouché ; je vais vous conter la chose en douceur.

« Monsieur le comte vous dira que la petite demoiselle, qui

est vraiment gentille, est moins Bedouine que vous, qui l'êtes au moins à moitié.

« Donc, parlant français, elle a compris que j'étais vexé en diable.

— Où est le camp, monsieur Passe-Lacet? m'a dit cette charmante dame-là.

Je lui ai montré le bivac.

— J'y vais seule! m'a-t-elle dit.

— Foi de zouave, j'ai insisté pour l'accompagner; la consigne est la consigne.

— Allez-vous-en, m'a-t-elle dit, je le veux! Vous concevez que l'on est galant et que l'on ne veut pas faire de peine au sexe.

« Me voilà! »

Le sergent Douba n'était pas content; les zouaves souriaient dans leurs moustaches, et le comte riait de bon cœur.

Pour couper court à la mauvaise humeur du sous-officier, il dit :

— Les voilà!

« Je les entends. »

Les zouaves prirent leur poste de combat; chacun couché derrière une échancrure du sol servant de créneaux; on entendait les Touareggs (1).

(1) Le fait que nous allons raconter est historique. Le sergent Douba, qui imagina ou employa cette ruse un des premiers en Afrique, est encore, à cette heure, aux zouaves de la garde.

XVI

Les balles coupées.

Les zouaves avaient une tranquillité de tenue qui frappa Raoul.

Ce n'était point le calme des hommes bronzés au feu de cent combats.

Il y avait dans leur façon de se regarder une certitude absolue d'être à l'abri de tout danger; ils riaient d'un air narquois, l'œil en coulisse, la lèvre railleuse, le front joyeux, la main leste et marquant les mots.

— Monsieur le comte, disait Casse-Tous-Grains, le schniek de la mère Marie est fameux.

« Bu à votre santé, il nous semblera meilleur.

— Et ne comptez pas avoir la plus petite chance de gain : le passé est bien perdu.

C'était Passe-Lacet qui disait ça.

Il ajouta malicieusement :

— Les chasseurs, vos amis, nous ont appris trop de bons tours pour qu'une fois, par hasard, on ne leur en montre pas un qui peut servir à l'occasion.

— Silence, tas de cigales ! dit Badou.

« Ce Passe-Lacet est bavard comme une blanchisseuse ; il ne peut taire son bec.

« Les voilà ! »

Les Touareggs débouchaient.

— Attention ! fit Passe-Lacet incorrigible.

« On va rire ! »

Passe-Lacet reçut au derrière un coup de crosse qui lui coupa l'envie de rire.

— Voilà ! dit le sergent à voix basse.

« Quand je veux fermer la bouche à quelqu'un, je lui applique ma plaque de couche au bas des reins ; ça fait de l'effet sur la langue.

Les premiers Touareggs, arrivés à cent pas du camp environ, s'arrêtèrent.

— Eh ! fit le sergent.

Raoul était stupéfait.

Cinq, six, quinze, trente guerriers demeurèrent soudain immobiles sur leurs dromadaires, les frappant à outrance sans pouvoir les faire avancer d'un pas ; les animaux étaient littéralement cloués au sol, les zouaves riaient sans bruit.

A mesure que les guerriers paraissaient, ils étaient ainsi paralysés.

Ils se criaient entre eux des phrases que Raoul comprenait et traduisait.

— Ils prétendent, dit-il, qu'un charme a été jeté sur leurs dromadaires.

— Des imbéciles ! fit le sergent.

— C'est bête à manger du foin ! ces Arabes, ajouta Passe-Lacet retrouvant la parole.

— Encore ! fit le sergent.

— Mais vous parlez bien, vous ! exclama Passe-Lacet.

— Ce ne serait pas la peine d'être sergent pour se taire ! dit Badou avec un grand sens.

Passe-Lacet n'avait rien à objecter contre cet argument péremptoire.

Cependant, à chaque instant des groupes, selon les allures diverses des montures, gagnaient le sommet du plateau ; mais impossible d'aller plus loin ; ils rencontraient les premiers venus.

Ceux-ci formaient barrière.

Ils bouchaient la sortie du ravin qui venait mourir en haut de la colline par un entonnoir dont les parois étaient trop escarpées pour des dromadaires; toute la bande fut donc obligée de s'entasser derrière l'avant-garde, bêtement, niaisement arrêtée.

— Avancez ! criaient les derniers.

— Impossible ! disaient les premiers.

— Pourquoi ?

— Les mahara ont un charme.

A ce, pas d'objections.

Les indigènes, gens superstitieux, crurent à un sortilége et ne protestèrent pas.

Le sergent jubilait.

— Là ! fit-il, ça se corse.

« Les voilà en paquets.

« Nous allons en faire de ces morts !

« Attention !

« Joue !

« Feu ! »

Douze coups partirent; quinze Touareggs tombèrent; les zouaves les avaient criblés.

Les cavaliers poussèrent des cris de colère; ils ne voyaient pas leurs ennemis presque enterrés, s'exaspéraient d'être impuissants, éventraient leurs montures.

— A volonté ! dit le sergent.

Chaque zouave fit feu pour son compte; en trois minutes, cent coups environ avaient été envoyés, et toute l'avant-garde était à terre.

— Comme on vous les nettoie ! s'écriait le sergent; quelle grêle !

« Comme ça tombe ! »

On entendit au bivac le bruit d'une prise d'armes, deux cents hommes accouraient au pas de course, commandés par un chef de bataillon.

— Aux mahara ! dit le sergent.

Une trentaine de dromadaires abattus bouchèrent bientôt le passage.

Les Touareggs hurlant, furieux, se heurtaient en vain, et contre les animaux vivants, mais entêtés à ne pas bouger, et contre les morts !

— Assez tiré, les enfants! dit le sergent.

« On ne voit plus l'ennemi. »

En effet, le défilé allant en pente, l'avant-garde étant anéantie, on entendait, mais on n'apercevait pas le reste de la troupe.

— Avouez, fit le sergent, que tout Coupeur de Têtes que vous êtes, vous n'avez jamais rien vu de pareil à cette petite fête de famille.

— C'est vrai! fit Raoul.

— Mais que diable avez-vous semé?

— On vous le dira... plus tard.

— Ah! je vais m'amuser encore.

— Pourquoi?

— Tenez, regardez!

Devançant l'infanterie, des pelotons de cavaliers accouraient; c'étaient des spahis.

— On va les arrêter aussi! dit le sergent.

— Ah bah!

— Oui.

« Leur commandant est un vieux mauvais bougre que je n'aime pas.

« Il va faire le malin.

« Mais on lui rivera son clou.

« Passe-Lacet!

— Sergent!

— Cours devant.

« Crie aux spahis de s'arrêter.

« Tâche de vexer leur commandant.

« Tu comprends!

— Oui, sergent.

Passe-Lacet se hâta.

— C'est ce drôle de Passe-Lacet, voyez-vous; il a une langue de vipère.

« Il va embêter le commandant! »

En effet, Passe-Lacet, fusil croisé, l'air insolent, s'arrêta à cent cinquante mètres du poste et cria aux spahis surpris :

— Halte!

« On ne passe pas. »

Le commandant, ahuri, poussa son cheval :

— Que dit donc cet imbécile?

— Respect aux sentinelles! dit Passe-Lacet d'un air de majesté olympique.

« Ordre de mon sergent, on ne passe pas!

— Animal, nous venons à votre secours!

— Faut croire qu'on peut se passer de vous.

— Ordre du général, triple brute!

— Bien!

« Vous m'appelez imbécile, animal, et maintenant vous traitez le général de triple brute! On le lui dira, commandant Leplatot.

« Du reste, je suis bien bête, vous avez raison de me traiter d'idiot.

« Passez, si vous pouvez.

« Vous ne pourrez pas! »

Le commandant se demandait s'il ne rêvait pas; il se passait la main sur les yeux.

Il voyait un soldat français, ayant la prétention insensée de barrer chemin à un escadron amenant du secours à un poste attaqué.

Il voyait le poste tranquille, ayant cessé son feu, et ce, en face de l'ennemi.

Il voyait l'ennemi impuissant, entassé dans un ravin, et ne pouvant se dégager.

Il n'était pas certain d'être éveillé.

Enfin, éperonnant son cheval, il l'enleva et le poussa sur le poste.

Tout à coup, le cheval s'arrêta.

Les spahis qui avaient suivi ne purent pas avancer non plus d'un pas.

C'était là, certes, pour un homme bien éveillé, un sujet de profond étonnement.

Et Passe-Lacet arrogant :

— Là!

« Quand je le disais!

« Mais on ne veut pas croire les simples soldats; vous êtes de jolis cocos, maintenant. »

Et Passe-Lacet revint au poste.

On y faisait des gorges chaudes sur la mésaventure des pauvres spahis.

Les compagnies arrivaient au pas de course.

— Commandant, dit le sergent Badou qui avait couru au-devant des zouaves, si vous vouliez tourner le ravin par les mamelons à droite et à gauche, sans trop vous montrer, on ferait prisonniers les trois cents imbéciles qui sont là-dedans.

— Merci de l'avis! dit le chef de bataillon; je vais fermer le défilé.

« Dis aux remparts de couronner les crêtes. »

Derrière les zouaves venaient trois compagnies, dont une de chasseurs à pied et deux de turcos; elles étaient appuyées de quatre pièces de montagnes.

Le sergent alla vers le capitaine qui commandait cette réserve, et lui dit de la part du commandant qu'il fallait laisser les canons au camp (ce pour cause) et garnir les crêtes.

Il expliqua la situation et le secret.

Les fantassins passaient devant les spahis en riant aux éclats.

Et les cavaliers furieux, outrés, abrutis, n'y comprenant rien, essayaient, mais en vain, de tirer leurs montures récalcitrantes par la bride; impossible de les faire démarrer.

Le sergent se porta sur les crêtes avec Raoul, ses zouaves et le gros de la colonne; on aperçut dans les fonds les Touareggs qui, effarés, se repliaient la tête basse, très-impressionnés de ce qu'ils avaient vu.

Une cinquantaine d'entre eux étaient tués.

Plus de soixante mahara étaient abandonnés; le reste, qui n'avait pas franchi le cercle où le zouave avait fait semer ce que contenaient les musettes, le reste se sauvait vivement.

Tout à coup un feu de peloton, puis un second, puis un troisième retentirent.

La route était fermée.

Du haut des crêtes, la fusillade crépita.

Le père Badou s'en donnait.

— Eh! la bonne farce! disait-il.

« Monsieur le comte, vous pourrez dire à vos amis les chasseurs, qu'aux zouaves on n'est pas manchot; regardez-les s'aplatir sous le plomb.

« Ils ne ripostent même pas. »

Ce fut une boucherie.

En dix minutes, il n'y eut plus que des cadavres au fond du ravin.

Alors le feu cessa.

Une centaine de tirailleurs fouillèrent les moindres replis; le gros de la colonne revint au plateau.

Le chef de bataillon des zouaves, qui avait le commandement, fit appeler Badou.

— Va donc dire aux spahis de débarrasser les pieds de leurs chevaux! fit-il.

— Ah! mon commandant, je tiens trop à ma peau; le chef d'escadron me casserait la tête!

— Voyez comme il se démène!

— Tu as raison.

Le commandant piqua vers son collègue.

— Mon cher, lui dit-il, je viens vous délivrer.

— Cré... mille millions de tonnerres, hurlait le chef d'escadron en furie.

« Qu'est-ce que peuvent donc avoir dans le ventre ces damnés chevaux.

— Eh! collègue, ils n'ont rien dans le ventre; c'est sous le pied qu'ils ont quelque chose.

Le spahis était à terre.

Il leva le pied droit de son cheval, n'y vit rien; mais, sous le gauche, il aperçut une balle enfoncée dans la corne et taillée d'une certaine façon.

Elle avait été à demi fendue en cinq, pour former cinq pointes.

C'était des projectiles ainsi arrangés que le sergent avait fait répandre à profusion autour de son poste, et tout cheval ou dromadaire qui avait mis son pied sur l'un d'eux n'avait plus voulu avancer.

Que si l'un de nos lecteurs doutait de l'efficacité du procédé, et s'il avait un cheval, nous l'engageons à tenter l'épreuve; il se rendra compte de la chose.

On juge de l'hilarité des officiers, qui expliquèrent à leurs hommes ce qui se passait.

Seul, le chef d'escadron maugréait.

— On prévient! grommelait-il.

« On prévient, mille n... d. D...!

— Excusez, commandant.

« Je vous ai prévenu, moi ! »

C'était l'incorrigible Passe-Lacet qui venait fourrer son nez dans la discussion.

— Ah ! gredin, s'écria le chef d'escadron ravi, c'est toi qui m'as gouaillé.

« Tiens ! »

Et Passe-Lacet reçut un coup de botte à un endroit qu'il est d'usage de ne pas nommer.

— Que mon sergent me bouscule, s'écria Passe-Lacet simulant une colère féroce, ça m'est égal; entre zouaves, on se permet ça.

« Mais vous n'avez pas le droit de me frapper, vous, spahis, tout officier que vous êtes.

« Je porterai plainte au gouverneur général, et si on ne me fait pas justice... »

Le chef d'escadron se sentit dans son tort et s'exécuta, mais comment.

— Tiens, canaille, dit-il.

« Tiens, voilà un louis.

« Mais disparais, gredin.

« Disparais, ou je ne réponds pas de moi ! »

Au lieu de se sauver, Passe-Lacet se frappa une fesse en disant :

— A votre aise, commandant.

« Pour la récidive, c'est deux louis. »

Le commandant fit mine de ne pas entendre, et Passe-Lacet s'en alla, jonglant avec son louis.

La colonne se rangea en bataille, et ensuite forma un grand cercle.

On se demandait ce qui allait se passer.

— Sergent Badou et vos hommes, au centre, dit leur adjudant-major.

Badou et le poste s'avancèrent.

— Sergent, dit le commandant, je vous cite à l'ordre de l'armée, vous et vos soldats; vous avez bien mérité de la France.

« Tambours, un ban ! »

Il y eut un long hourrah !

— C'est ça qui la coupe aux farauds de la troisième du premier.

— Je ferai décorer deux hommes, dit le commandant; désigne-les.

— Sauf votre avis, dit le sergent, je prends les plus anciens, mon colonel.

« Brin-d'Herbe.

« Casse-Tous-Grains.

— Bien !

Passe-Lacet eut l'heureuse chance de rencontrer le regard du colonel.

— Tu es caporal, toi, dit le colonel.

— N.. d. D... ! il n'est pas trop tôt, s'écria l'infernal bavard joyeusement.

« Je pourrai blaguer à mon aise, quand je commanderai un poste.

— Rompez ! dit le commandant.

— Un mot ! fit le sergent.

« J'ai à vous prévenir que, quoique nous ayons été surpris, un chasseur, le Coupeur de Têtes, qui est resté avec nous dans le poste, nous avait avertis; mais si tard, si tard, qu'il était trop tard.

— Comment, le comte de Lavery est ici !

— Me voici, commandant.

Le chef de bataillon mit pied à terre, sauta au cou du jeune homme et lui dit :

— Ah ! mon cher Raoul, que je suis heureux de vous revoir ; quelles nouvelles j'ai reçues de vous !

« Messieurs les officiers, au centre. »

Tout ce qui portait une épaulette entoura le commandant.

— Messieurs, dit celui-ci, je vous présente le comte Raoul de Lavery.

« J'ai reçu, ce matin même, un courrier de Laghouat qui m'a appris de merveilleuses choses.

« Le comte, que vous voyez là, à la tête de trois cents chasseurs d'autruches, a fait sauter, avec une montagne de sel, trois mille hommes.

« Il a pris le ksour de Taferfra.

« Il a massacré dix ou quinze mille Sahariens et miné le ksour.

« Puis il s'est replié sur Laghouat, sans perdre un homme, sans être poursuivi.

« Je ne sais rien de plus beau dans l'histoire de notre conquête. »

Les officiers entouraient Raoul et se disputaient à qui lui serrerait la main.

— Allons !

« Au camp ! dit le commandant.

« J'invite tout le corps d'officiers à déjeuner, dans une heure d'ici.

« Qu'on n'oublie pas de nous servir des bosses de Mahara, surtout. »

Passe-Lacet d'une voix sonore :

— Mon commandant, on court au ravin vous choisir les plus gros morceaux.

— Que tout se fasse en ordre ! dit le commandant ; qu'on rassemble les chameaux vivants.

« Qu'on distribue les morts.

— J'y veillerai, dit un adjudant.

— Ramenez les troupes ! dit encore le commandant à un capitaine.

Et il offrit un cheval à Raoul.

Tous deux ils piquèrent vers le camp.

— J'ai à vous parler, dit le chef de bataillon.

— Je suis à vos ordres ! fit Raoul ; mais permettez-moi de trouver une tente pour la marquise de Nunez, qui m'accompagne.

— Comment ! fit le colonel.

« Vous avez trouvé une marquise au Sahara ?

— Mon Dieu oui, dit Raoul souriant.

Il mit le commandant au fait en quatre mots.

— Prenez ma tente ! dit celui-ci.

« Je demanderai l'hospitalité à mon collègue des spahis, il est un peu grincheux.

« Mais je le mettrai de bonne humeur en lui offrant une bouteille de mon meilleur cognac.

— J'accepte, dit Raoul.

— Voilà ma tente, j'aperçois la marquise, je vous laisse. A bientôt.

Et le commandant s'en alla demander à son collègue une place sous son toit.

Raoul ne tarda pas à venir.

Le commandant passa son bras sous le sien, et le conduisit au front de bandière.

— Mon cher comte, lui dit-il, le prince Nadief est venu me demander du secours.

« J'ai osé m'aventurer ici témérairement avec une poignée d'hommes.

« Combien l'ennemi peut-il en amener contre nous, je vous prie ?

— Dix mille, dont sept mille très-hardis, très-braves et vigoureux.

— Diable! fit le commandant.

« Akmet a du canon.

— Les canons sont encloués.

« Quant à Akmet, il est mort.

— Vraiment!

— Voici sa tête!

Raoul détacha la tête, accrochée par la mèche tressée à sa ceinture, sous son burnous; il la posa sur la table.

— Bravo! s'écria le colonel.

« Ça vaut vingt fois son pesant d'or; je vais l'envoyer à Laghouat.

« On la promènera dans le ksour, ça encouragera nos partisans.

— Prenez aussi celle de Ben-Tamy; je la crois défigurée; mais elle est peut-être encore reconnaissable; on la trouvera dans le ravin.

Raoul raconta sa fuite.

Le commandant était émerveillé.

— Mon cher, dit-il, quand on vous entend, on croit faire un rêve.

Le comte était insensible aux éloges.

Il s'inclina simplement.

A son tour, il questionna.

— Vous avez quatre cents fantassins? demanda-t-il, et deux cents cavaliers?

— Oui.

— Combien de jours de vivres?

— Avec les mahara, cela fera vingt jours; on salera la viande.

« Nous tiendrons, colonel.

— Vous croyez?
— J'en réponds.

« Les Touareggs n'ont pas de chefs.

— Mon cher, dit le colonel, vous m'ôtez un souci énorme; dans vingt jours je suis sûr d'être dégagé par une colonne française.

— Et Nadief, donc!

« Il doit se remuer dans le ksour.

— Allons, tout est bien.

« Allons déjeuner... »

XVII

Où l'on revoit un monsieur de connaissance.

Pendant que ces événements se passaient en plein désert, le drame se compliquait d'un incident inattendu.

Le gouvernement français envoyait en mission à Laghouat un officier de cavalerie, avec ordre de pousser les ksours à nous appuyer de leurs contingents; cet officier, annoncé par une estafette, arrivait dans la ville le lendemain du départ de Raoul.

C'était Pierre.

Devant le conseil de guerre, il lui avait été facile d'établir un alibi; on ne put lui attribuer la tentative d'assassinat de Billotte.

Marie se dévoua pour lui.

Tout en protestant de son innocence, qui était réelle, elle avoua qu'elle avait voulu fuir avec Pierre; mais elle sauva celui-ci.

— Il ne partait pour la France, dit-elle, qu'afin de rompre avec moi; j'ai voulu le suivre sans rien lui dire; il m'a grondée quand il m'a vue; mais il était trop tard.

Par bonheur pour lui, un matelot avait entendu Pierre adresser à Marie des reproches pour être venue, mais pour avoir devancé l'heure; il attesta avoir saisi cette phrase :

« Tu te compromets; tu as eu tort; c'est une folie ! »

Ce témoignage sauva le lieutenant.

Il fut établi :

1º Qu'il n'était pour rien dans l'assassinat.

2º Que Marie, l'aimant comme une folle, avait voulu fuir avec lui, malgré lui.

Il sortit blanc comme neige du prétoire, et fut même l'objet d'un engouement général.

Quant à Marie, la petite négresse n'ayant pu être retrouvée, un mystère planant sur cette affaire, les magistrats ayant des doutes sérieux, elle fut acquittée sur le chef d'assassinat.

Quant à l'adultère, elle ne fut pas poursuivie, Billotte refusant de se plaindre.

Il calcula qu'il y aurait séparation et restitution de la dot.

Il voulait la garder.

Il offrit à Marie la liberté d'agir à sa guise, moyennant une pension de dix mille francs.

Elle accepta.

Tous deux furent enchantés de ce dénoûment.

Marie voulait vivre avec Pierre.

Mais Pierre avait fait la conquête d'une Anglaise sentimentale à sa sortie de prison; il répondit à Marie éplorée :

« Je ne veux pas d'une maîtresse qui s'est compromise ! »

Sur ce, le gouverneur l'avait fait mander près de lui, et lui avait dit :

— Lieutenant, il est bon de vous éloigner; le scandale ira s'oubliant, vous parti; voici une mission pour Laghouat; partez.

C'est ainsi que Pierre retrouvait à Laghouat Jeanne, stupéfaite de l'y voir.

Ils se rencontrèrent tous deux lors de son entrée dans le ksour.

Elle eut pour lui un regard terrible.

Il eut pour elle un geste de surprise.

— Tiens ! pensa-t-il, voilà cette petite. Quelle drôle d'aventure.

Et il pensa :

— Elle est positivement plus jolie que cette niaise de Marie.

« C'est elle en bien mieux.

« Ma foi, je l'eusse préférée.

« Si on pouvait... »

Il y songea.

Elle, acharnée dans sa haine, courut au camp des chasseurs ; elle pria un chef de faire tenir une lettre à Raoul.

Dans cette lettre, elle lui annonçait la présence de Pierre, et la terminait ainsi :

« Mon cher Raoul, je te demande la tête de cet homme ; si tu ne me la donnes, je la prendrai. »

De son côté, Pierre questionnait l'agha de Laghouat sur Jeanne.

— C'est la sœur du Coupeur de Têtes, répondit le chef ; elle est jolie, n'est-ce pas ?

— Charmante.

— Je la trouve adorable, moi ; si ce n'était pas une parente de Raoul de Lavery, j'en ferais ma maîtresse ; il est si facile, au désert, d'enlever une femme qui vous plaît !

— Heu ! heu ! fit Pierre.

« Facile de commettre un rapt ! Que dis-tu donc là, mon cher agha ?

« La femme vous reconnaît et vous dénonce.

— Mais non, fit l'agha.

« Des cavaliers masqués la saisissent et l'amènent dans quelque ksour ; on en prend à son aise avec la capture, toujours masqué. Puis on la renvoie à ses parents, qui ne savent qui frapper. »

Pierre ne répondit pas et songea.

XVIII

Le message.

Pierre était un de ces hommes accoutumés aux triomphes faciles ; rarement une femme lui avait résisté ; il est juste de dire que, par goût, il s'attaquait à celles dont le tempérament et les allures rendaient ses victoires faciles ; il n'en avait pas moins contracté l'habitude du triomphe, les obstacles n'irritent plus ceux qui n'ont qu'à vouloir pour pouvoir.

Pierre avait dans son brosseur un Parisien des faubourgs, une espèce de Frontin militaire ; c'était ce qu'au régiment on appelle une pratique.

Mauvais soldat, mal ficelé sous l'uniforme, négligent, paresseux, querelleur, il n'avait qu'une seule qualité : la bravoure.

Pierre se l'attacha, flairant d'instinct les vices de ce drôle.

Il en fit son ordonnance.

Débarrassé des corvées et du service, Rigolo, c'était le sobriquet du Parisien, comprit qu'il avait une position des plus agréables.

Il n'avait pour toute besogne qu'à faire la chambre de son

officier et soigner son équipement; travail facile et peu fatigant.

Il détestait l'uniforme.

Le lieutenant lui permettait de ne pas le porter; ce qui ravissait le faubourien.

Il adorait d'être bien mis.

Pierre lui faisait cadeau de ses vieilles redingotes, que le tailleur de l'escadron retournait et adaptait à la taille de Rigolo, lequel se donnait des airs de dandy.

C'était Rigolo qui portait les billets doux; Rigolo avait la confiance du maître.

Il s'insinuait dans les maisons; il se faisait aimer des femmes de chambre.

Il était le Lauzun des antichambres.

Comme son maître, il avait des maîtresses, des duels, des dettes et une réputation détestable; on le méprisait et on le redoutait.

Il tirait bien.

Il avait tué son homme.

C'était un petit brun, fluet, nerveux, assez laid, mais fin, rusé et hardi.

Peu à peu il avait monté, monté haut dans l'esprit de son chef.

D'abord il était de bon conseil.

Puis il était dévoué.

Puis, plus d'une fois, par des manigances dont il endossait la responsabilité, il avait su remplir la bourse du maître.

De là, familiarité.

L'ordonnance avait entendu la conversation de son lieutenant et de l'agha; en rentrant dans le ksour que l'on avait donné à l'officier comme résidence, Rigolo dit tout souriant, et en se frottant les mains :

— Est-ce que vous ne trouvez pas, lieutenant, que cet Arbi (Arabe) a de bonnes idées ?

— Sur quoi ? demanda Pierre, qui voyait venir son ordonnance.

— Oh ! vous m'entendez bien.

— Ma foi non.

— Lieutenant, vous n'êtes pas franc avec moi qui vous sers depuis trois ans.

« Dévouez-vous donc !

— Mais, imbécile, je ne sais pas seulement ce que tu veux me dire.

— Allons donc !

« Et la petite !

— La sœur du chasseur ?

— Oui, parbleu.

— Va donc t'y frotter, à celle-là !

— Tiens, mon lieutenant qui *cale*.

« Vous avez peur, à présent.

— Tu ne sais donc pas ce que c'est que le Coupeur de Têtes ?

— Un homme, parbleu !

— Un homme qui te casserait la tête s'il te voyait remettre un mot à sa sœur.

— Tra la la !

« On ne casse pas comme ça le crâne à Rigolo, dit l'*Alouette*, dit le *Joyeux*.

« Essayez.

— De te donner une lettre ?

— Oui.

— Pour elle ?

— Oui.

— Tu la remettrais ?

— Oui, oui, oui.

— Tu dis des bêtises.

« D'abord j'ai fait emprisonner cette petite ; elle doit m'en vouloir à mort.

— Elle s'est vengée.

— Comment ?

— En vous faisant arrêter.

« J'ai toujours eu idée qu'elle était cause des tracas que vous avez eus.

— Je le crois aussi.

— A votre place je lui écrirais :

« J'ai été méchant avec vous, je m'en repens ; vous m'avez rendu la pareille ; quitte.

« Maintenant si vous voulez m'aimer, je lâche la petite Marie, car vous êtes plus belle qu'elle.

— Et tu crois que ça prendrait?

— Oui, je le crois.

« Les femmes, c'est si bête ! »

Pierre était indécis.

— Il est certain, dit-il, que je serais enchanté de faire ma maîtresse de la petite ; ça m'éviterait bien des ennuis avec le frère qui va venir un de ces jours me chercher dispute ici pour l'arrestation.

« Un duel, ça ne m'effraye pas.

« Mais on aime autant éviter ça.

— Vous pensez qu'il vous provoquera ?

— Je le parierais.

— Moi je crois qu'il cherchera plutôt à vous loger, par traîtrise, une balle dans la tête.

— Encore possible !

« Mais je me défie.

« On n'assassine pas facilement un officier français en mission diplomatique.

« En tous cas, le mieux, n'est-ce pas, c'est de faire une tentative près de la petite.

« Si elle répond...

— Alors !

« Tout va bien.

— Si elle ne répond pas...

— On verra voir à se masquer.

« Le frère n'en fera ni plus ni moins; il se doutera que c'est vous ; vous provoquera ou vous fera assassiner... s'il peut; mais comme il est sûr qu'il a l'une ou l'autre intention (pas vrai?) il vaut mieux s'être passé la consolation de la petite, par le bec.

Pierre ne dit mot.

Il se promenait à grands pas.

Il avait les dents serrées, le regard fauve, l'air sombre et soucieux.

Enfin, il se décida.

— Du papier, Rigolo, demanda-t-il.

— Vous écrivez ?

« Bravo!

Le lieutenant prit la plume et médita sa lettre qu'il écrivit ensuite fiévreusement.

Il débutait par expliquer à Jeanne qu'il l'avait supposée complice de la tentative d'assassinat sur son oncle, au château de Lavery; il en conclut qu'il avait cédé à un mouvement fort naturel, en la faisant arrêter, surtout après la scène qui s'était passée entre Marie et elle.

Après ce début adroit, il avouait qu'il ne pouvait croire une si jeune et si jolie fille coupable; il prévoyait un mystère, et serait ravi si on le jugeait digne d'une explication; il terminait en annonçant qu'il avait rompu avec Marie en expiation de ses torts.

Il exprimait l'espoir d'un pardon.

Il offrait de le mériter.

La lettre était habile.

Mais Jeanne était une femme de trop de tête pour s'y laisser prendre.

Rigolo s'en fut au camp des chasseurs, emportant le pli de son officier.

Il demanda mademoiselle Jeanne de Lavery, et on lui répondit que désormais elle s'appelait : princesse de Nadief; ce qui étonna le brosseur.

— Oh ! se dit-il, mariée !

Et il faillit retourner vers son maître.

Mais il réfléchit :

— Tant plus qu'une femme est mariée, se murmurait-il entre ses dents, tant plus elle est facile à prendre; rien ne la retient alors.

« Elle a un pavillon pour couvrir la contrebande ; allons-y de la lettre.

Il fut conduit auprès de Jeanne.

Elle dormait sous une tente dressée pour elle; car elle ne voulait plus quitter le bivac.

Elle reçut l'ordonnance.

Avec la hauteur d'une femme qui ne regarde pas un domestique comme un homme, avec la hardiesse d'une femme accoutumée à la vie des chasseurs, elle toisa maître Rigolo du haut en bas et demanda :

— Que veux-tu ?

— Madame, fit Rigolo, je suis chargé de vous présenter cette petite lettre.

Jeanne avait vu l'ordonnance derrière le maître et se douta de ce que c'était.

— De qui cette lettre ?
— Du lieutenant Pierre.
— Et tu as eu l'audace d'apporter ce qu'il a l'audace de m'écrire, mon garçon ?

« Attends. »

Elle prit une cravache dans un coffre, empoigna Rigolo au collet, et le cingla d'importance ; le drôle fut surpris et outré.

Il avait deux balafres au visage, le dos noir et les mains en sang avant qu'il eût pu se rendre compte de ce qui lui arrivait là !

Il mettait ses mains devant sa face, en criant à la jeune femme :

— Pourquoi ?

« Qu'avez-vous ? »

« Madame la princesse ! »

Enfin, il eut une révolte, bondit sur Jeanne, et lui arracha la cravache des mains.

Dans sa rage, il s'écria :

— Si je ne me retenais, je vous frapperais ; on n'abîme pas un homme comme ça.

« Vous êtes une... »

Il n'acheva pas.

Une main le saisissait par sa ceinture, le soulevait, et il était jeté dehors.

Le Corse qui avait sacrifié au fond du souterrain d'El-Arouch venait d'intervenir.

Rigolo avait roulé à dix pas, par malheur, au milieu d'un groupe de chasseurs qui prenaient le café.

Quelques tasses furent renversées.

Les chasseurs, de mauvaise humeur, se jetèrent sur l'intrus, le firent pirouetter et le lancèrent en l'air, au loin ; il s'affaissa sur une tente qu'il creva, à la grande fureur des occupants, lesquels traînèrent Rigolo dehors et le relevèrent à grands coups de *sabattes* (pantoufles).

Le Corse riait.

Rigolo le reconnut pour le premier auteur de sa mésaventure, et courut à lui :

— Toi, grand imbécile, lui dit-il, je veux te tuer ; tu m'as frappé, tu vas te battre et je te passerai un sabre dans le ventre.

Le Corse dédaigneux :

— Toi, vermine, tu vas filer ou je t'écrase sous mon talon.

— S.... lâche !

« Tu refuses un duel ?

— Avec un valet d'officier, oui.

« Un chasseur d'autruches ne croise pas le fer avec des goujats de ton espèce. »

Les tentes des chasseurs étaient soulevées pour laisser passer l'air.

On apercevait les faisceaux d'armes.

Le brosseur courut à l'un d'eux, et saisit un yatagan arabe.

Il revint le brandissant.

Le Corse, impassible, n'avait pas l'air de se déranger ; il attendait.

— Défends-toi ! hurla Rigolo, défends-toi ou tu es mort !

— Essaye ! dit le Corse.

Rigolo voulut frapper son adversaire d'un coup de plat de lame.

Le Corse fit un bond, arracha un bâton de petite tente, revint sur l'ordonnance, para un coup, lui fit la manchette, et le yatagan toucha par terre ; Rigolo était désarmé.

Le Corse avisa un nègre qui passait faisant pour des boudjous les corvées du camp.

— Ici, salem (nègre), cria-t-il.

Le noir accourut.

— Voilà deux douros, prends ce matraque (bâton) et conduis-moi ce kell (chien) hors du camp. Tape dur surtout.

Le nègre, par hasard, très-solide gaillard, empocha l'argent et prit le bâton.

Tous les chasseurs riaient.

Rigolo, abruti, les yeux hors de tête, le poignet gonflé, la main inerte, demeurait en place ; mais quand le nègre brandit son bâton, il s'enfuit, talonné par ce chaouck improvisé.

Rigolo courut d'une traite à Laghouat, il vint exaspéré trouver son maître.

Il était roué des pieds à la tête.

— Sacrebleu ! s'écria Pierre en le voyant.

« Te voilà joli !

« Qui t'a mis en cet état ?

— La petite ! s'écria l'ordonnance.

« La petite et ses s..... chasseurs.

« Il y a surtout une grande canaille de Corse qui, en me frappant, me disait :

« Toi d'abord !

« Le valet avant le maître. »

— Il a dit cela ! s'écria Pierre.

— Il a ajouté qu'on vous couperait les oreilles prochainement et qu'on les clouerait au bâton de la tente du Coupeur de Têtes.

— Tonnerre de Dieu ! il a osé tenir un pareil propos, fit Pierre avec fureur.

« Donne-moi mon sabre. »

L'ordonnance avait menti ; le Corse n'avait pas parlé du lieutenant ; mais sa ruse, pour intéresser son maître à sa querelle, réussissait.

— Fais seller mon cheval, ordonna le lieutenant, et ficelle-toi proprement.

— En uniforme ?

— En grand uniforme.

XIX

Duel.

Deux heures après, Pierre, suivi de son ordonnance, escorté par l'agha lui-même, forcé d'accepter le rôle de témoin, se rendait au camp.

Un parent de l'agha devait être le second témoin du lieutenant, pour le duel qu'il voulait.

Pierre était outré.

Refuser sa lettre.

Battre son ordonnance !

C'en était trop.

Il eût souffleté Raoul lui-même pour moins que cela.

Conduit par Rigolo, il vint à la tente du Corse, située près de celle de Jeanne, et il le fit mander par un Arabe de l'escorte.

— Que ceux qui ont besoin de moi, cria une voix sous la tente, entrent chez moi.

« Je ne me dérange pour personne. »

Le chasseur était dans son droit; mais le lieutenant trouvait humiliant de descendre de cheval, il trouva un biais pour l'éviter.

S'adressant à l'agha :

— Va, lui dit-il, demander à ce *monsieur*, s'il est toujours disposé à me couper les oreilles ?

« Va ! tu lui proposeras d'aller essayer sa lame de sabre près d'ici, contre la mienne.

La voix dit encore :

— Inutile d'envoyer des ambassadeurs ; je ne les recevrai pas ; j'aime à parler en face aux gens qui ont quelque chose à me demander.

Les chasseurs assemblés riaient.

La position devenait ridicule.

Force fut au lieutenant de descendre.

Le Corse était étendu sur une natte ; il fumait une cigarette les pieds en l'air, passés dans la croisée de sa tente ; la tête en bas, sur un coussin.

Le lieutenant le trouva dans cette position ; le Corse ne bougea pas.

Pierre sentit sa colère grandir ; il ne savait que faire pour échapper au ridicule.

— Monsieur, dit-il, je viens savoir si vous tenez toujours à me couper les oreilles.

— Peuh ! fit le chasseur.

« Qu'est-ce que j'en ferais.

— Vous en avez manifesté l'intention !

— Moi !

« Jamais de la vie ! »

Et il n'offrait pas à l'officier de s'asseoir ; il fumait et crachait.

— Mon ordonnance, qui est digne de foi, m'a rapporté ce propos tout à l'heure.

— Oh ! oh ! fit le chasseur.

« Joli ! pour un officier.

« Croire aux dires d'un laquais !

— Vous m'insultez !

— Possible !

— Du reste, vous agissez en manant.

— Probablement parce que ce genre-là me va ; est-ce que vous êtes chargé de veiller sur mes manières, par hasard ? Je vous serais obligé de m'en prévenir.

— Monsieur, il n'y a qu'un cuistre qui reçoive un adversaire de cette façon ?

— Vous êtes donc mon adversaire ?

— Pensiez-vous que je ne relèverais pas vos insultes, mon cher monsieur ?

— Relevez !

« Relevez !

— Enfin, monsieur, vous battez-vous ?

— Quelquefois.

— Sortons, alors.

— Est-ce que vous ne trouvez pas qu'il fait bien chaud ; c'est l'heure de la sieste ?

— Je trouve que je vais vous giffler.

— Ah ! bah !

— Oui, si vous hésitez plus longtemps.

— Je me décide.

— A vous battre ?

« Enfin !

— Non, à attendre.

« Je veux voir comment vous vous y prendriez pour souffleter, dans sa tente, Cervani, le tueur d'antilopes ; voyons, essayez, mon garçon. »

Pierre était gouaillé.

Pierre était brave.

L'homme était étendu à ses pieds.

Il fit un pas.

Cervani se retourna brusquement sans se relever, s'arc-bouta brusquement des épaules au sol et lançant ses deux pieds en plein dans la poitrine du lieutenant, le lança contre la tente qui résista, ne creva point, mais s'abattit.

Le Corse fendit la toile avec son couteau et se releva laissant le lieutenant se débattre ridiculement sous les montants et sous les plis épais.

Dire si les chasseurs riaient est inutile ; ils se pâmaient de joie.

Jeanne était sur la porte de sa tente ; elle regardait cette scène avec une joie sombre ; elle voyait humilié, sot, penaud, l'homme qui l'avait jetée, honteuse, aux brocards de la foule.

Les Arabes d'escorte dégagèrent Pierre qui perdit toute dignité, toute retenue.

— Chien, cria-t-il, canaille, misérable... et il montrait le poing au Corse.

— Tu m'appelles chien, fit celui-ci... et tu écumes comme un dogue.

« Tu m'appelles canaille, et tu parles comme un voyou des places publiques.

« Tu m'appelles misérable, et tu vis aux crochets de tes maîtresses.

« Tu es un singulier gaillard.

« Mais tu me fais pitié.

« Je fais à tes épaulettes, pas à toi, l'honneur de te battre avec moi.

« Viens !

— Enfin ! s'écria Pierre.

« Je vais donc te tuer. »

Le Corse s'arrêta, il regarda Pierre d'une certaine façon écrasante :

— Imbécile ! fit-il.

Et il continua à cheminer.

Il avait fait signe à deux chasseurs qui apportaient des armes avec eux.

Tout le camp suivait.

On gagna le front de bandière.

Là, le Corse s'arrêta.

— Allons-nous donc nous donner en spectacle à tout ce monde ? demanda Pierre.

— Pourquoi pas ?

« La foule te gêne ?

« Moi, je me soucie de mille paires d'yeux braqués sur moi, comme d'un bout de cigarette fumée ; peux-tu empêcher des braves gens de nous suivre !

— Soit ! fit Pierre.

« Ils vont voir comment je me venge. »

Le Corse, à cette menace, dit :

— Agha, fais préparer un cacolet pour ton hôte ; il va recevoir un coup qui l'empêchera de marcher ; car je ne peux le tuer.

Pierre ricanant :

— Et pourquoi donc ?

— Parce que mon ami Raoul, parce que Nadief, le mari de

Jeanne, m'en voudraient, si je ne leur laissais le soin de t'arranger à telle sauce qu'ils jugeront convenable, mon joli garçon.

— Et vous allez me toucher à la cuisse ; vous en êtes sûr ?

— Ou au bras si tu le préfères.

— Va pour le bras !

Pierre raillait à son tour.

Il se savait fort à l'escrime.

Puis il allait se servir du sabre ; une arme familière aux cavaliers.

L'on se mit en garde.

Dès ce premier engagement, Pierre fut très-surpris du jeu de son adversaire.

Rien de connu.

Il parait singulièrement ; il attaquait bizarrement ; il avait une tenue très-démontante sous les armes ; à chaque instant, il y avait de l'inattendu dans sa façon d'être et, avec cela, une bonne garde.

Ceci tenait à ce que les chasseurs d'autruches n'ont point de maîtres d'armes ; ils aiment à ferrailler et pour ce, se façonnent des sabres de bois, espadonnent toute la journée, se font la main.

Peu à peu ils acquièrent une agilité, une souplesse surprenantes qui rachètent ce défaut de principes sévères ; peu à peu aussi, ils rectifient ce que leur jeu a de défectueux, tout en conservant des méthodes qui surprennent celui qui a reçu l'éducation de la salle d'armes.

Le lieutenant avait devant lui un homme redoutable, capable de bonds prodigieux ; au jarret, au bras, à la poitrine infatigables ; il rompait merveilleusement, s'engageant sous le fer avec une prestigieuse adresse, et relevait surtout merveilleusement le sabre, quoiqu'il eût le jeu un peu large.

Jeanne s'était approchée.

Elle tenait naïvement le premier rang.

Ses yeux étaient sanglants.

Chaque fois que le sabre du Corse menaçait son ennemi, elle rougissait.

Puis le coup paré, elle se dépitait.

L'officier se fatigua.

Dès lors, le chasseur joua avec lui.
Il lui porta un coup et l'effleura.
— Voilà pour la cuisse ! dit-il.

« On aurait pu vous l'amputer, comme vous voyez, monsieur le lieutenant.

— Voilà pour la tête ! fit Pierre.
Il se fendait en même temps.
Il manqua son coup.
— Vous vous vantiez ! fit le chasseur.

« Tenez, voici pour le bras. »
Et il lui coupa légèrement les chairs de l'avant-main ; il le mit hors de combat.

— Je vous l'avais dit ! fit-il.

« Vous n'êtes pas prêt de me couper les oreilles, maintenant, monsieur l'officier. »

Jeanne s'était élancée.

— Pourquoi ne l'as-tu pas tué ? demanda-t-elle au Corse, qui se retirait.

— Et Nadief ? fit-il.

« Il m'aurait grondé.. »

La foule des chasseurs s'écoula en se moquant du lieutenant, que l'agha fit panser et qu'il reconduisit au ksour avec Rigolo.

Le maître et l'ordonnance étaient confus.
Quand ils furent seuls, ils se regardèrent :

— Eh bien, lieutenant ?
— Cette canaille est plus fort que moi.
— Vous êtes fixé.

« Je ne vous tue pas, a-t-il dit ; pour en laisser le plaisir à ce Nadief ou à ce Raoul.

« Moi, à votre place...
— Je te comprends.

« Je le ferais...
— Vous concevez que l'on serait bête de ne pas au moins se donner la petite.

« S'ils vous tuent, vous aurez toujours eu la joie de vous venger d'avance.

— Ma mission est finie.

« Je pars demain.

« J'ai promesse de l'agha ; il va filer vers la colonne qui est en marche ; il rassemble tous ses contingents dès aujourd'hui.

« Moi, je retourne, ou suis censé retourner à Alger ; j'évite d'abord Nadief et le Coupeur de Têtes pour quelque temps ; ce qui me donne du répit.

« Puis en se cachant et en épiant la petite, alors qu'on me croira parti, je réussirai mon rapt.

« Après, je ferai provoquer le mari et le frère, je tâcherai de les tuer.

« Si je m'en débarrasse ainsi, tant mieux ; si je succombe ma foi, tant pis.

« Prépare tout en ce sens. »

XX

Guet-apens.

Le soir même, Rigolo avait trouvé les moyens d'exécuter le guet-apens médité par son officier; il s'était abouché avec des individus de la secte des Assaiouas, dont une bande joue, à partir de ce moment, un rôle important dans ce drame.

Paris a vu des charlatans qui se sont fait passer pour appartenir à cette société secrète algérienne; mais tous ceux qui connaissent l'Algérie ne s'y sont pas trompés, et n'ont pas cru à ces saltimbanques.

Les Assaiouas sont des fanatiques liés entre eux par des serments et des rites.

On dirait d'une franc-maçonnerie musulmane, mais d'une maçonnerie se proposant un but féroce : l'anéantissement des chrétiens par tous les moyens possibles; cette corporation a ses rites, ses initiatives, ses épreuves et ses signes de reconnaissance mystérieux.

Elle compte plus de cinq mille adeptes dans toute l'Algérie française.

Encore juge-t-on du chiffre très-approximativement; nul ne sait à fond leurs secrets.

Il y a quelques rapports entre les Assaiouas et les Thuggs de l'Inde.

Avant l'occupation d'Alger, cette société poussait les pirates contre nous; beaucoup de forbans étaient ou ses affiliés, ou ses membres reconnus; depuis sept siècles au moins elle existe.

La prise d'Alger lui a donné une vigueur nouvelle, et elle a fait de la propagande contre nous; c'est à elle que l'on doit les assassinats si fréquents sur les pays frontières, où il est difficile de sévir.

On a imaginé de rendre responsables des meurtres les territoires des tribus sur lesquels le sang français coulait; une tête se paye cent mille francs.

Dès lors, chaque Arabe étant forcé de payer une partie de cette amende, les crimes sont devenus moins fréquents; mais aux extrémités de nos possessions, où il a été impossible d'appliquer cette mesure, les Arabes, prouvant qu'ils étaient impuissants à protéger nos personnes, vers les confins de Tunis, du Sahara ou du Maroc, très-fréquemment des soldats ou des voyageurs succombent.

Quand on trouve le coupable, il donne pour prétexte à son crime la cupidité.

On condamne.

Mais dans les douars, dans les camps, partout où l'on connaît les mœurs du pays, on se dit que le vol n'est pas le vrai mobile.

On prononce le nom des Assaiouas.

En vain les officiers des bureaux arabes essayent-ils de faire parler les coupables; en vain font-ils des enquêtes; tout est muet.

Le prisonnier meurt fusillé sans mot dire, les yeux tournés vers la Mecque.

Seulement, ses parents emportent son corps et lui rendent les derniers devoirs.

Au jour, on s'aperçoit que le sol teint du sang du coupable a été gratté.

Pour beaucoup, c'est un martyr.

Les grains de terre sont distribués comme des reliques sacrées parmi les affiliés.

Comme il arrive presque toujours, les Assaiouas, en dehors

de leurs exécutions meurtrières, inspirées par le fanatisme, commettent des forfaits qui les font classer parmi les bandits; il ne demandent qu'une apparence de religion pour frapper quelque riche personnage.

Ils tueront volontiers un opulent caïd dévoué aux Français, colorant leur soif de douros du reflet d'un zèle religieux pour leur foi.

Puis des bandits de profession se font recevoir, pour être soutenus par cette association puissante, et obtenir des appuis sérieux.

On peut être sûr que les sacripants d'un douar sont plus ou moins Assaiouas.

Rigolo savait tout cela.

Il savait aussi comment s'aboucher avec les coupe-jarrets du ksour.

Il suffisait de se promener dans les bazars avec quelque notabilité du pays, et de prier cette notabilité de vous désigner les mauvais sujets flânant sur les grands marchés permanents.

C'est ce qu'avait fait Rigolo.

Il avait offert force touchran (tabac) et force tasses de caoued (café) à un chaouck, qui lui avait montré de fort jolis coquins.

Rigolo avait eu l'air de questionner en touriste curieux de types accentués.

Il avait abandonné le chaouck au coin d'une rue, et il était venu sur le bazar, où il y avait une espèce de mendiant mozabite.

— Salut, fils de M'zab! lui avait-il dit. Que fais-tu donc là, t'ennuyant?

— J'attends l'heure marquée, fit le M'zabite.

(L'heure *marquée*, pour dire l'heure favorable.)

L'indigène continua :

— Je suis un pauvre diable; j'ai faim, j'ai soif, et je cherche l'occasion.

Le Saharien flairait une aubaine.

— As-tu des amis ? demanda Rigolo.

— Tous les gens d'*espérance*, comme moi.

— Viens, j'ai à te parler.

Ils allèrent s'asseoir dans une ruelle sombre, bien cachés par l'ombre.

— Tu es Assaiouas? dit Rigolo.

— Moi, grand Dieu!

— Oui, toi.

« Ne te récrie pas.

« Veux-tu gagner dix douros?

— Un pauvre veut toujours gagner de l'argent; que faut-il donc faire?

— Enlever une femme.

« Tu prendras deux compagnons.

« Chacun aura dix douros.

— Ah! *si* (monsieur), c'est bien grave un rapt; on nous reconnaîtrait.

— Vous serez masqués.

— La religion défend l'enlèvement.

— Il s'agit d'une Française.

— C'est différent.

« Qui est-elle?

— La sœur du Coupeur de Têtes.

L'Assaiouas eut un geste.

Le nom avait produit son effet.

— Tu es donc poltron?

— On tient à sa tête.

— Qui dira au Coupeur de Têtes que tu es l'auteur de cette petite plaisanterie?

— Pas moi.

— C'est vrai.

« Le crime lie les langues.

« Mais cette femme, je l'aime; elle est au camp de ses amis.

« Y pénétrer est difficile.

— On vous la fera venir hors du camp; vous n'aurez qu'à la saisir et à l'emporter.

— Où?

— En quelque coin dont nous conviendrons.

— Ça va! dit l'homme d'espérance.

On appelle ainsi ceux qui n'ont pour toute fortune que l'espoir d'en gagner une.

Et les deux misérables firent leurs conventions bien détaillées...

Le lendemain, le lieutenant et Rigolo partaient pour le Nord.

Vers midi, on le sut au camp.

L'habitude des chasseurs est de se tutoyer; ils tutoient même les femmes de leurs compagnons.

On jasait au bivac de la fuite de Pierre, que le Corse avait accommodé.

Celui-ci vint trouver Jeanne.

— Tu me boudes encore, lui dit-il; tu es vraiment trop exigeante, Jeanne.

« Raoul m'en eût voulu.

— J'aurais tout pris sur moi.

— Une femme ne doit pas commander à un homme; tu m'aurais fait blâmer.

— Suis-je donc une femme?

« J'ai tué mon lion.

— C'est vrai.

« Enfin, ce qui est fait est fait.

« Mais je dois t'apprendre une chose.

« Il est parti.

— Le lâche!

— Il a eu peur de Raoul.

— Le misérable!

— On le rejoindra.

— Oh! oui.

Et Jeanne menaça du poing l'officier absent.

Puis elle redevint femme.

— Je vais reprendre mon logement à Laghouat, dit-elle; je ne suis pas bien ici.

— A ton aise.

— J'y retourne ce soir même.

— Comme tu voudras.

« Le lieutenant a trop peur pour t'inquiéter.

« Du reste, Raoul reviendra probablement bientôt de son excursion.

« Au revoir, Jeanne.

— Au revoir, Cervani.

La jeune fille fit seller un cheval, et revint au ksour habiter la maison offerte par l'agha.

Elle se croisa aux portes avec un palanquin escorté de deux chameliers.

Dans le palanquin était une femme enveloppée d'un haïque mauresque.

Jeanne n'y prit garde.

La femme avait écarté le haïque, regardé cette jeune fille française, poussé un léger cri, et, se retirant aussitôt, elle avait laissé retomber les rideaux du palanquin pour ne plus les rouvrir.

Elle arriva au caravansérail.

Ses deux guides l'y laissèrent, cherchèrent un gîte plus convenable, et vinrent la chercher pour l'y mener; elle paya et congédia l'un de ces hommes.

L'autre resta.

— Mahmout, lui dit-elle en français, va t'informer de suite du lieutenant Pierre.

— Oui, madame.

Et le serviteur indigène s'en fut par la ville, en quête de nouvelles.

Il parut bien étonné quand il apprit tout ce qui s'était passé.

Il revint vers sa maîtresse.

— Le lieutenant, lui dit-il, s'est battu en duel pour la sœur du Coupeur-de-Têtes.

« Il est blessé.

« Depuis ce matin, il est parti.

— Il aime cette fille! s'écria la jeune femme, qui n'était autre que Marie.

« Je suis perdue. »

Et elle éclata en sanglots.

Mahmout se retira.

XXI

Le viol.

Le lendemain soir, trois hommes, dont le Mozabite vendu à maître Rigolo, causaient hors des murs, sous les palmiers; ils parlaient à voix basse.
— C'est pour cette nuit, dit le M'zabite.
— Tu as vu le Français ?
— Oui.
« Il nous attendra au ravin blanc.
— Il y sera seul ?
— Non.
« Un homme sera près de lui.
— Le soldat ?
— Oui.
— Ça fait deux.
Celui des Assaiouas qui disait cela avait un singulier sourire sur les lèvres.
Le M'zabite dit :
— Je vois ce que tu penses.
« C'est impossible.
— Deux !
« Nous sommes trois, nous.

— Oui, et trois gaillards ! fit l'autre.
— N'importe.
« Il m'a prévenu qu'il avait pris ses précautions ; il a laissé une carta (lettre) en lieu sûr ; il nous y dénonce au cas où nous le trahirions.
— Diable d'homme !
« Il y a pensé.
— Quoi d'étonnant !
« Il nous craint.
« Avez-vous fait ce que j'ai dit ?
— Oui.
« Nous avons été au camp.
« Nous voulions savoir le nom de plusieurs chasseurs, comme tu nous y avais engagés.
« Il y a Cervani, l'homme au duel.
— Bien.
« L'on ira porter ce billet à ce Cervani ; c'est un rendez-vous d'amour, qui est censé venir d'une femme indigène ; elle lui donne rendez-vous à un ksour, à trois lieues d'ici ; il ira bien certainement.
— A quoi bon ?
— Vous allez voir.
« Lui parti, on ira dire à la petite que Cervani la demande, qu'il est appelé par le Coupeur de Têtes, dont il a des nouvelles, qu'il ne peut venir, parce qu'il a plusieurs ordres à exécuter et des courriers à envoyer, courriers qu'il prend dans le douar Argteby, pour aller plus vite.
« Le douar est à trois mille mètres du camp ; la petite viendra de suite.
— Mais elle est au ksour.
— Il fallait le dire de suite.
« Tout change, alors. »
— Il suffira de lui dire, dans Laghouat, que Cervani la mande au camp, qui va être levé.
« Qu'il faut aller au secours du Coupeur de Têtes ; qu'il est trop pressé pour venir à Laghouat ; qu'il la prie de pousser jusqu'au bivac.
« Nous l'enlevons entre les murailles et les tentes ; ce sera bientôt fait, pas vrai.
— Mais, nous ne savons où elle demeure ?

— Il fallait le demander.

« Du reste, à Laghouat on s'informera.

« Voilà qui est entendu.

« A cette nuit.

« Pour la commission, il faut aller visage découvert ; mais il n'y a pas de danger.

— Comment ?

— Le Français veut la femme pour une nuit seulement ; il fuit ensuite.

— Compris.

« Nous la prenons après lui.

— Et nous la tuons ensuite.

— Les morts, seuls, ne parlent pas.

— C'est une chienne de chrétienne.

— Nos pères de la *Grande-Mosquée* nous payeront bien ce meurtre d'une infidèle.

— Tout est bien.

« L'heure de la petite étoile, sur le minaret, nous amènera tous trois au rendez-vous. »

Ils se séparèrent.

. . . .

Vers onze heures, ils étaient réunis.

Laghouat dormait.

Ils se groupèrent sous une arcade, et ils échangèrent leurs renseignements.

— Elle demeure, dit le M'zabite, près de la Grande-Fontaine, à droite.

— Non, dit un autre.

« On m'a montré sa maison, près de la casbah.

— Impossible.

« Je l'ai vue chez elle.

— Alors, je me trompe.

— Tout est prêt ?

— Oui.

— Qui va la prévenir ?

— Tirons au sort.

Le M'zabite fut désigné par le hasard ; il s'exécuta très-délibérément.

Il avait, par hasard, vu la Française sur sa terrasse ; il n'avait pas eu besoin de questionner.

Il frappa.

On ouvrit.

C'était un indigène qui servait la jeune femme.

— Dis à ta maîtresse que je désire lui parler, fit le M'zabite à l'Arabe étonné.

— Entre ! dit celui-ci.

Et, le menant à sa maîtresse, encore levée à cette heure, il lui dit selon la formule :

— Voici un homme !

Il se retira.

— Que voulez-vous ? demanda la jeune femme, que dévisageait le M'zabite.

— Je viens vous prévenir que le chasseur Cervani vous attend au camp.

« Il a des nouvelles à vous communiquer. »

Le M'zabite parlait mal le français ; mais la jeune femme comprit à peu près.

Elle se leva.

— Allons vite ! dit-elle.

Elle semblait prise d'une vive émotion.

— Je m'attendais bien à une lettre pour ce soir ; mes pressentiments ne me trompaient pas.

Elle était rayonnante.

— Vite, allons !

— Par Allah ! pensait le M'zabite, elle donne tête baissée dans le piége.

Il l'emmena.

La porte donnant sur le bivac était toujours ouverte, parce que les chasseurs, gens très-peu réguliers de mœurs, allaient jour et nuit dans Laghouat ; comme avec leur camp, barrant passage, il était impossible de surprendre le ksour, on avait trouvé inutile de fermer la porte de l'enceinte.

La jeune femme et le M'zabite sortirent, ils firent cent pas au plus vers les tentes, dressées à un kilomètre des murailles environ.

L'Assaiouas avait jugé inutile de parler beaucoup ; la langue nuit plus qu'elle ne sert, selon le proverbe oriental.

Tout à coup il passa promptement un nœud coulant au cou de la jeune femme, paralysa ses mouvements, étouffa ses cris et siffla.

Deux hommes accoururent.

Ils amenaient un âne.

La jeune femme, bâillonnée et solidement garrottée, fut liée sur l'âne.

Les ravisseurs se mirent en marche, évitant les tentes et prenant à gauche.

Deux heures après ils gagnaient le ravin blanc.

Ils y trouvèrent deux hommes.

Le lieutenant et Rigolo.

— La voici, dirent les Assaiouas.

Pierre montra une joie sauvage.

— A-t-elle résisté? demanda-t-il.

— Une petite brebis pour la douceur ! fit le M'zabite ravi du succès.

« Tu payes ?

— Voilà.

Le lieutenant remit une bourse à ce misérable qui lui baisa la main.

— Retirez-vous ! dit Pierre.

— Un mot ! fit le M'zabite.

« Tu sais qu'au désert la voix porte très-loin; défie-toi donc de ses cris.

« Ne la débâillonne pas.

— Sois tranquille.

« Emmène ton âne. »

Le M'zabite et ses acolytes ne se le firent pas dire deux fois, ils s'en allèrent.

— Toi ! dit Pierre à Rigolo, va te mettre en faction à cent pas d'ici.

— Oui, lieutenant.

Et l'ordonnance s'éloigna.

Il resta seul en face d'elle.

Elle était immobile, garrottée sur le sol; il la regardait avec une expression farouche.

La lune éclairait son visage.

— C'est singulier, pensa-t-il, on dirait à son regard qu'elle veut me parler.

« Et me parler sans colère.

« Mais pas de sottise. »

Il la saisit dans ses bras et l'emporta au fond du ravin blanc.....

Une demi-heure s'était passée.

Le lieutenant entendit du bruit.

Rigolo poussait des hem ! hem ! prolongés.

L'officier vint à lui.

Il rayonnait d'une joie sinistre.

— Il peut me tuer ! dit-il.

« Je suis vengé. »

Rigolo descendit dans le ravin.

— Où vas-tu ? demanda Pierre.

— Tiens, c'te farce ! fit Rigolo.

« D'où vous venez, parbleu !

« Vous savez ce qu'on dit à son chef en pareil cas ; l'histoire le rapporte.

« Après vous, s'il en reste !...

— Reste ! dit le lieutenant.

« Je ne veux pas.

— Mais c'est de la farce ça.

« Qu'est-ce que ça peut vous faire ?

« Tout à l'heure les Assaiouas reviendront bien, eux, et... je ne vous dis que ça.

— Tu penses qu'ils...

— Ils se gêneront peut-être.

Le lieutenant fronça le sourcil.

— Va et dépêche ! dit-il.

Il était froissé du sans-gêne de Rigolo et il roulait dans sa tête un embryon de projet.

Rigolo revint en sifflottant un air.

— Partons-nous ? dit-il.

Et remarquant que le lieutenant semblait furieux, il en prit à l'aise avec lui.

— Ah ! dame ! fit-il.

« Fallait vous y attendre.

« Quand on prend un complice, on prend un tyran, dit encore un vieux proverbe.

« Vous concevez, lieutenant, que si je voulais, je vous mènerais loin, maintenant.

— Tais-toi et filons.

Pierre dit cela brusquement.

A trois cents pas, il trouva ses chevaux et il sauta en selle; mais il fit faire un long circuit à sa monture; Rigolo, intrigué, se demandait pourquoi.

— Lieutenant! dit-il, nous allons donc vers le ksour maintenant?

— Oui.

— Nous y rentrons?

— Non.

— Qu'allons-nous faire?

— Nous débarrasser des trois Assaiouas; ce sont des témoins gênants.

Rigolo regarda son chef avec admiration.

— Vous êtes un homme! dit-il.

« Mais votre blessure vous gênera.

— Nous les tuerons à coups de pistolet; n'ai-je pas un bras de libre!

— Et moi deux!

« Piquons, lieutenant. »

Ils gagnèrent le chemin, coupant le retour aux Assaiouas et s'embusquant.

Ils cachèrent leurs chevaux dans un pli de terrain et se mirent, eux, au cœur d'une touffe de palmiers nains, comme il en pousse à dix lieues à la ronde des oasis bien arrosées.

Les trois Sahariens ne tardèrent pas à venir; ils cheminaient prestement.

— Es-tu prêt? demanda Pierre.

— Oui, lieutenant.

Et Rigolo arma son pistolet.

Il en avait un autre à ses pieds; le lieutenant en avait aussi un devant lui.

Quand les Arabes passèrent, ils frôlèrent presque les deux hommes qui les attendaient.

— Feu! dit Pierre.

Deux hommes tombèrent.

L'autre chercha à fuir.

Deux coups de feu l'abattirent.

— Avant de bouger, recharge-moi mes armes, dit Pierre; il faudra peut-être les achever.

— Vous pensez à tout! dit Rigolo.

« Ils sont pourtant bien morts, je crois. »

Il bourra les canons des pistolets du lieutenant et les lui remit en disant :

— Ça a réussi.

Ils se levèrent et visitèrent les corps.

— Morts ! bien morts !

C'était Rigolo qui dit cela en passant une minutieuse inspection.

Il était courbé sur le dernier cadavre, quand il entendit son officier armer son chien.

— Tiens ! vous allez tirer ?

— Celui-là vient de remuer ! fit Pierre.

— Non.

— Si.

« Penche-toi pour voir. »

Rigolo obéit.

Son lieutenant lui fit sauter la cervelle.

— Comme cela, dit-il, tu ne m'ennuieras plus et je n'aurai plus de complice.

Cela fait, il courut à son cheval, sauta dessus, trouva la jeune femme inanimée, la hissa sur sa selle comme il put.

Sa blessure le gênait.

Puis il ramena ce corps déjà froid près des autres cadavres étendus.

Après quoi il prit son autre pistolet, l'appuya sur sa cuisse et tira.

Il s'effleura les chairs.

Ainsi touché, il s'étendit auprès de ses victimes et attendit.

Vers trois heures du matin des bruits de pas retentirent; il simula l'évanouissement...

XXII

Interrogatoire.

Le bruit de pas qu'avait entendu Pierre était causé par l'approche de plusieurs cavaliers.

Il ouvrit à demi les yeux pour tâcher de deviner à qui il allait avoir affaire, et il reconnut des coureurs de bois, sans trop s'en effrayer.

Son plan était fait.

Les chasseurs, selon leur coutume, avançaient rapidement, le fusil au poing ; ils ne quittaient pas les cadavres du regard, et se défiaient.

Mais comme les morts semblaient bien morts, ils mirent pied à terre.

— Voilà une bizarre rencontre ! dit l'un. Une femme, un officier français, trois Sahariens, et un soldat tués ! C'est un drame dont nous avons le dénoûment devant nous.

— Dis donc, Nadief, fit une voix, dépêchons de voir si quelqu'un d'eux respire encore, et hâtons-nous de gagner Laghouat ; nous sommes pressés.

Nadief, c'était lui, se dirigeait vers Laghouat pour obtenir du secours chez l'agha de ce ksour en faveur de la colonne française.

Quelques chasseurs, rencontrés dans ses courses, avaien été raccolés par lui.

Il examina les corps.

— L'officier n'a pas grand'chose ! dit-il.

« Occupez-vous-en.

Puis il ajouta :

— Voyons la femme.

Il poussa un cri.

La malheureuse victime de Pierre avait le visage caché par un de ses bras, retombé avec sa tête.; en levant le bras, Nadief reconnut Jeanne ; Jeanne bâillonnée, Jeanne garrottée.

Elle avait un coup de poignard en pleine poitrine ; elle était morte.

Malgré sa force de volonté, le prince pâlit, chancela, et faillit tomber.

— Eh ! Nadief ! disaient ses compagnons.

« Est-elle encore en vie ?

— Non ! répondit-il.

Sa voix était si altérée que ses compagnons l'examinèrent étonnés.

— Te voilà bouleversé ! fit l'un.

« Qu'as-tu ? »

Il montra la jeune femme.

Il montra la trace des outrages subits.

Il montra la blessure.

Il montra les morts.

Puis il leur dit :

— C'était ma femme !

Il y eut un saisissement profond chez les compagnons de Nadief ; ils se regardèrent effrayés de cette découverte douloureuse ; puis regardèrent l'officier.

Pierre prolongeait sa syncope.

Nadief !

Il avait entendu ce nom.

Nadief, le mari de Jeanne !

Nadief qui avait à punir déjà des outrages précédents et qui jouissait d'une réputation terrible.

Il frémissait.

Mais il avait un si bon plan.

Au fond, il espérait.

Il joua bien sa comédie.

Les chasseurs lui mirent une goutte de rhum sur les lèvres, et il ouvrit les yeux.

— Nadief, ici ! dit un coureur de bois.

« Voici le lieutenant qui reprend connaissance ; il va nous renseigner. »

Le prince examina l'officier.

Il se souvint de l'avoir vu et chercha dans sa mémoire ; il le reconnut.

— Lui ! pensa-t-il.

Et il eut un pressentiment contre Pierre.

— Où est-il blessé ? demanda-t-il.

— A la cuisse ! répondit-on.

— Ces blessures-là ne vous font pas perdre connaissance ! dit rudement Nadief.

Il secoua le lieutenant.

— Debout ! lui dit-il.

Le blessé parut revenir tout à fait à lui, et simula une vive indignation.

— Comment ! s'écria-t-il.

« Vous me brutalisez !

— Trêve de plaintes !

« Debout.

— Mais je souffre.

— Tu mens.

« Tu n'as qu'une légère blessure. »

Pierre sentit qu'il avait affaire à des gens soupçonneux et difficiles.

Il douta de son fameux plan.

Il essaya de se lever.

Il chancela.

— Assez de farces ! dit Nadief.

« Parle.

— Monsieur, dit Pierre, vous le prenez sur un ton qu'un officier français ne saurait supporter longtemps ; je vous en préviens.

— Parle ! répéta Nadief.

Et il avait des regards terribles.

— Je pourrais, monsieur, refuser d'obéir à cette injonction insolente.

— Allons donc !

— Enfin, monsieur, vous n'avez aucun droit sur moi, et je vous trouve très-insolent.

— Préparez les mèches, camarades, dit Nadief ; on lui déliera la langue.

— Vous êtes poussé par je ne sais quel sentiment, dit Pierre ; on vous a appelé Nadief ; je conjecture que vous êtes le mari de la victime.

« Je vous excuse.

— Tiens ! fit Nadief.

Et il se retourna vers les siens.

Ils échangèrent tous un sourire sinistre.

— Qu'avez-vous, messieurs ?

Telle fut la demande de l'officier inquiet.

— Tu viens de nous prouver que tu entendais fort bien tout à l'heure, les yeux fermés.

« Tu étais censé demi-mort quand mes amis m'ont interpellé ; mais continue.

« Tu te couperas encore.

Le lieutenant se troubla :

— C'est mal récompenser mon dévouement ! dit-il ; j'aurais cru à de la reconnaissance.

« Votre femme était entraînée à travers les sables par trois misérables.

« Les voilà.

« Je m'en retournais vers Aïn-Meddy avec mon ordonnance quand je rencontrai ces malfaiteurs.

« Je les ai attaqués.

« Ils m'ont blessé.

« Ils m'ont tué mon ordonnance.

« Mais ils sont morts.

— Comment se fait-il, si tu allais vers Aïn-Meddy que tu te sois écarté du chemin de ce ksour d'au moins une grande lieue ?

— J'ai entendu crier à l'aide.

— Par la victime bâillonnée ?

Il se fit un silence.

Pierre pâlit.

Néanmoins il trouva une échappée.

— Peut-être ne l'ont-ils bâillonnée que la voyant résister et l'entendant crier !

— Des voleurs sahariens auraient été assez niais pour ne pas prendre leurs précautions !

« Conte ces sornettes à d'autres. »

Pierre prit une pose indignée.

— Vous ne m'accusez pas, je suppose, dit-il, du meurtre de cette femme ?

— On va te dire ce dont on t'accuse.

« A cheval, camarades. »

Les coureurs de bois sautèrent en selle, coururent dans plusieurs directions, fouillèrent le terrain, découvrirent des traces, les suivirent et revinrent.

Ces recherches durèrent une demi-heure, pendant laquelle Nadief debout, l'œil sur Pierre, le gênait horriblement ; le malheureux ne savait quelle contenance tenir ; il essaya de se justifier plusieurs fois.

Le regard fixe du chasseur le fit toujours balbutier ; il ne put trouver des phrases suivies.

Il baissa les yeux malgré lui et attendit, dans l'attitude d'un coupable, le résultat de l'enquête.

Les chasseurs apportèrent leurs renseignements ; Nadief, à quelques pas de l'accusé, reçut le rapport.

Il fit un signe.

Pierre fut entouré.

Il tremblait. Nadief, pâle, mais impassible, dit d'une voix grave.

— Tu as voulu enlever ma femme ?

— Jamais.

— Tais-toi.

« Je t'en donnerai les preuves.

« Tu es allé au ravin blanc.

« On a suivi les traces de ton cheval et celles de ton ordonnance ; tu es arrivé à neuf heures du soir au ravin ; vous avez éloigné vos deux chevaux.

— Comment supposez-vous neuf heures ?

« C'est absurde.

« Des pas de chevaux ne peuvent vous indiquer une heure quelconque.

— Détrompe-toi !

« Le vent souffle et comble les marques des sabots, mais pas assez parfaitement.

« Nos yeux les retrouvent.

« Nous savons quelle brise il a fait cette nuit; nous avons vu à quel point les empreintes étaient effacées ; nous avons calculé les heures d'après ces indices.

« Il était neuf heures !

— Absurde ! répétait Pierre.

« Absurde ! absurde ! »

Nadief n'y prit garde.

Il continua :

— Plus tard, trois hommes ont amené, couchée sur un âne, Jeanne jusqu'au ravin.

« Les plis de sa robe ont balayé le sol, et l'âne semblait porter un lourd fardeau.

« C'est donc un petit âne ?

« On le retrouvera.

« Il a une écorchure au dos.

« Pendant que le crime s'accomplissait, il se roulait sur le sable pour se gratter.

« Il a laissé du poil taché d'humeur sur le terrain ; c'est un indice précieux.

« Toi tu as descendu vers le ravin ; ton ordonnance s'est éloigné vers l'est.

« Les voleurs se sont retirés.

« Puis ton domestique est revenu ; il a voulu les reliefs du maître, et tu y as consenti.

« Ensuite vous vous en êtes allés.

« Ce n'est pas toi qui as tué Jeanne !

— Ah ! vous voyez !

Exclamation stupide que Pierre poussa là.

— Si j'avais besoin d'un aveu, dit Nadief, je m'emparerais de celui-ci, misérable.

« Tu sembles ravi que j'aie la preuve que tu ne l'as pas tuée, mais pour un seul baiser, pris de force, tu serais un homme condamné à mort.

« Et il y a viol !

« Mais attends.

« Tu as eu l'infernale idée d'assassiner les trois individus qui ont livré Jeanne.

« Tu as fait un circuit.

« Tu es venu ici.

« Regarde. »

Le chasseur montrait la touffe de palmiers-nains foulée par les assassins.

Il continua :

— Les Sahariens morts, tu as brûlé la cervelle à ton domestique pour le punir d'avoir exigé de toi permission de descendre au fond du ravin.

« Regarde la blessure.

« Regarde cette balle.

« C'est une balle sortie d'un canon de pistolet français; du canon du tien.

« Après quoi, tu t'es blessé toi-même, et tu as joué ta petite comédie.

— Tout est faux.

— Silence.

« Tu vas mourir !

— Comment !

« Vous vous faites juges et bourreaux ?

— Oui.

Pierre bondit vers un pistolet et le ramassa.

— Va ! fit Nadief.

« Tire ! »

Pierre reconnut que l'arme était déchargée.

— Allez ! fit Nadief.

Les chasseurs s'emparèrent du lieutenant, le garrottèrent et le mirent dans l'impossibilité de bouger.

— Maintenant, camarades, dit Nadief, gagnez Laghouat et laissez-moi ici.

Les chasseurs montèrent en selle, sans faire la plus petite observation.

Le prince les laissa partir, s'en fut chercher des palmes sèches qu'il entassa, et prépara un feu ardent aux yeux de Pierre épouvanté.

— Allez-vous me brûler ? fit celui-ci.

— Oui.

— Vous n'en avez pas le droit.

— Je ne reconnais qu'un droit, le mien ! dit le prince. Au-dessus, rien.

« Je suis un chasseur, moi.

« Je suis libre.

« Tes juges, tes conseils de guerre, tes lois, je m'en soucie comme d'une paille.

« Tu as fait tuer ma femme...

« Je te tiens...

« Tu mourras de ma main, et d'une mort choisie par moi, d'une mort atroce. »

Nadief alluma le bûcher.

Pierre était hardi.

Il avait le courage hargneux de certaines races de fauves; mais il lui fallait la lutte.

Mourir garrotté !

Mourir sans combattre !

Mourir par le feu !

Il en tremblait.

Une pâleur livide s'était répandue sur son visage et sur ses mains; il avait au dos la sueur glaciale des agonies anticipées; le malheureux fut lâche.

Il supplia, il menaça, il pleura...

En vain.

— Parle ! disait Nadief.

« Tes plaintes me font l'effet d'un chant exquis; elles me vont droit au cœur.

« Encore, si Jeanne pouvait les entendre ! »

Il dépouilla Pierre de ses vêtements, les lacérant à coups de couteau, pour aller plus vite et ne pas être forcé de le débarrasser de ses liens.

Quand il fut nu, il le plaça sur le flanc, à distance des charbons; ainsi sont disposés les moutons entiers que les indigènes veulent rôtir au bivac.

Pendant une heure, Pierre sentit la chaleur, douce d'abord, piquer l'épiderme, devenir insupportable, fondre la graisse, fendiller la peau, le rôtir vivant.

Il hurlait.

Et Nadief le contemplait, heureux et ravi.

Le chasseur le retourna sur le ventre, puis sur un flanc, puis sur l'autre.

L'agonie, savamment prolongée, dura jusqu'au milieu du jour, lente, mais affreuse...

Pierre vivait encore...

Soudain, un cavalier déboucha d'un ravin, arrivant à toute bride sur Nadief...

XXIII

Le siége du camp.

Notre drame a le désavantage énorme des drames vrais, que l'on ne saurait arranger à sa guise; nous étant imposé le devoir, vis-à-vis de la famille de Lavery, de ne pas changer le caractère de cette histoire, nous voulons scrupuleusement suivre nos notes.

Pour conserver à l'action l'unité littéraire, nous aurions dû supprimer certaines anecdotes, qui alors forcent à couper le récit, pour aller de l'un à l'autre héros de cette longue série de meurtres et de combats; mais notre parole est engagée; nous la tiendrons.

Il nous faut retourner au camp de la colonne, où Raoul allait s'immortaliser devant l'armée d'Afrique par une défense régulière admirable.

Il avait passé quelques heures délicieuses près de la marquise; enivré, il la quitta, appelé pour un conseil de guerre.

— Je vais, lui dit-il, obtenir de diriger la défense; tu vas voir, chère Marie, ce que je ferai plus tard à la tête d'une grande armée. Je veux révolutionner l'art de la guerre.

— Quoi que tu fasses, je ne t'en aimerai pas plus, dit-elle.

Il s'éloigna.

Le commandant de la colonne, — M. de X*** (l'autorisation de citer son nom nous est refusée), — avait certainement commis un acte de témérité.

Venir avec cinq cents fantassins et deux cents cavaliers braver les forces d'Akmet, c'était un acte d'audace imprudente, mais chevaleresque.

Le commandant comptait, du reste, sur le concours des chasseurs et des ksours.

De plus, il attendait des renforts.

Le problème consistait pour lui à s'établir non loin du ksour d'Akmet, en quelque bonne position, et de tenir là jusqu'à ce que le gros des forces françaises fût arrivé, avec les contingents des indigènes alliés.

Akmet était mort.

Ben-Tamy venait de périr.

Mais il restait sept mille Touareggs qui allaient se donner un chef.

C'était une armée!

Le commandant s'inquiétait.

Son camp tiendrait-il?

Il assembla un conseil de guerre, réunit tous ses chefs de compagnie et d'escadron, y appela le lieutenant d'artillerie et Raoul de Lavery.

Il exposa la situation.

— Avant peu, dit-il, nous aurons les Touareggs sur les bras, messieurs.

« Le comte de Lavery évalue leurs forces à plus de sept mille cavaliers.

« Devons-nous battre en retraite?

« Faut-il gagner Laghouat?

« Resterons-nous ici?

« Le premier projet est impraticable; nos bases d'opérations sont trop loin.

« Le second offre de grandes chances de succès; mais il est dangereux.

« Si les Touareggs nous atteignent avant que nous ne nous trouvions sous les murs du ksour, il faudra supporter leur choc en rase campagne.

« Je suis d'avis de rester au camp. »

Sauf le commandant des spahis, qui aimait à faire de l'opposition, chacun partagea l'opinion du chef de la colonne, et le conseil fut levé.

Mais on ne se sépara pas.

Chacun questionnait Raoül.

On était curieux de connaître son opinion sur les Touareggs, venus de si loin se ranger sous la bannière du roi du désert.

— Ce sont de hardis guerriers, dit Raoul, sauvages et féroces; leur premier choc surtout sera terrible; ils ont foi en eux-mêmes.

« Ils regardent les autres indigènes comme dégénérés, et les méprisent.

« Un échec, au début, leur enlèverait beaucoup de cette confiance.

« Si j'étais ici avec mes trois cents chasseurs, je répondrais de leur donner une rude leçon au premier assaut; mais je ne voudrais pas garantir que des troupes régulières, régulièrement commandées, réussiraient. »

Comme M. de X*** et les officiers fronçaient le sourcil, Raoul ajouta :

— Je n'ai pas voulu vous froisser, messieurs; officiers diplômés, instruits aux écoles ou par la pratique méthodique de la guerre, vous êtes nécessairement routiniers, et négligez de puissants moyens de succès.

« Vos ressources sont bornées par la routine, le règlement, l'usage, la responsabilité.

« Tenez, ça n'engage à rien.

« Laissez-moi vous prouver que j'ai raison. »

Il s'adressa à l'officier d'artillerie :

— Vous, monsieur, lui demanda-t-il, comment comptez-vous établir vos pièces?

— Aux quatre angles, comme toujours, dit le lieutenant; ça permettra de croiser le feu de deux pièces sur une face; c'est un grand avantage.

— Sans doute; mais ce feu ne sera pas tel qu'il se croisera complétement.

« Puis vous avez deux pièces qui ne pourront être utilisées, au cas où l'ennemi n'aborderait qu'un côté du camp, lequel, du reste, est mal couvert par l'enceinte.

— Avec du sable, on ne peut faire un rempart solide, observa l'officier.

« Il est trop mobile.

— Faites couper dans les ravins de la montagne, où il pousse de l'alpha et du diss, des gerbes de ces herbes, qui forment des cordes si solides; faites tresser par vos soldats des espèces de câbles ayant la longueur de chaque face du camp; plantez un palmier à chaque angle du bivac, attachez les câbles à ces palmiers, de façon à avoir une espèce de treillage de cordes s'étageant l'une sur l'autre; élevez alors votre mur de sable derrière ces cordes, qui le maintiendront, et vous aurez une enceinte solide, infranchissable, haute, droite, au lieu de celle que vous avez.

« Vous trouverez un bouquet de dix-huit palmiers à trois mille mètres d'ici; je les indiquerai; on peut en couper douze et laisser le reste.

— L'idée est excellente, firent les officiers, qui sentaient bien que l'enceinte, nécessairement mouvante, n'était pas un obstacle suffisant.

— Puis, continua Raoul, je ferais élever, à cent pas en avant de chaque angle, une espèce de tour; ce serait un terre-plein avec terrasse.

« Sur la terrasse, je placerais une pièce; vingt-cinq hommes, les meilleurs tireurs, garniraient la terrasse.

« Il en résulterait que les quatre pièces domineraient le camp; elles pourraient être mises en batterie sur tous les points; la mitraille de deux d'entre elles, passant par-dessus le bivac, irait se joindre à la mitraille des deux autres, sur la face attaquée.

« Puis les feux seraient alors véritablement croisés; ils auraient un effet terrible.

« Quatre tranchées uniraient ces espèces de fortins au camp, et permettraient de les joindre et de les secourir à toute heure de jour et de nuit.

— Mais comment élever ces terrassements; le sable manque de solidité, et nos cordes ne suffiraient plus, monsieur le comte? observa l'officier.

— N'avez-vous pas les sacs à terre?

— Nous n'en avons pas apporté.

— Et les tentes des officiers, celles des soldats, celles des cantiniers. Ne peut-on les coudre et les emplir de sable ? Voilà des sacs à terre excellents.

— Au fait, dit le commandant, les soldats peuvent coucher à la belle étoile.

— Mais ce n'est pas tout, reprit Raoul, je demande que tout le biscuit soit distribué aux troupes, pour en avoir les caisses.

« Je veux creuser sur chaque face un fossé très-profond ; sur ce fossé, on placera, pour le boucher, les planches des caisses à biscuit.

« Sur ce plancher fragile, du sable.

« Les cavaliers s'aventureront sur cette chausse-trappe, et culbuteront.

« Ceux qui les suivront s'entasseront pêle-mêle sur les premiers.

« Le canon, la fusillade, faucheront tous ces malheureux, empilés les uns sur les autres, au premier assaut, et feront d'affreux ravages.

« Qu'en pensez-vous ? »

Les officiers, enchantés, approuvèrent avec enthousiasme les projets de Raoul.

Celui-ci sourit.

— Ce sont les premiers moyens, dit-il. Mais j'en ai bien d'autres, fit-il.

« Pas un Touaregg n'arrivera au pied de l'enceinte, je m'y engage.

« J'ai longtemps médité sur l'art de la guerre et reconnu qu'il est en enfance.

« Vous seriez stupéfaits, si je vous communiquais quelques-unes de mes idées.

— Nous vous écoutons, firent tous les officiers, curieux et avides de connaître les projets de Raoul.

Il se leva, les domina tous du regard, et dit :

— Messieurs, je rêve l'empire des Indes !

Il y eut un mouvement de surprise.

Raoul continua :

— Je vais former une armée de nègres au Soudan, une flotte insubmersible, un puissant royaume.

« J'aurai cent, deux cent mille hommes ; un ami, Nadief,

pour gouverner mon royaume noir et m'envoyer des renforts pendant la guerre.

« Avec mes cent mille hommes et ma flotte, je conquerrai l'Asie.

« Ma flotte sera invincible.

« Au lieu d'être blindée de fer, comme quelques-uns pensent qu'on arrivera à le faire pour les navires de guerre, elle sera blindée de caoutchouc.

« Un boulet s'amortit sur un matelas, et traverse une muraille de pierres.

« Mes navires auront une enveloppe de cuivre assez mince, sous celle-ci trois couches séparées de caoutchouc, disposées de façon à céder sous le choc, qui n'endommagera jamais la carène ; j'ai expérimenté mon système.

« J'ai réussi.

« J'aurai un millier d'auxiliaires effrayants ; des lions apprivoisés, — lions et lionnes par couples ; — élevés dans mes camps, ils seront accoutumés à mes soldats, comme les éléphants sont faits aux cipayes indiens.

« Je compte beaucoup sur l'effet moral produit par ces bandes de fauves.

« Vous savez, messieurs, que le lion, élevé de naissance dans un bivac, ayant une lionne, est doux comme un chien pour ceux qu'il connaît.

« J'aurai pour garder mes camps de nuit et ne pas fatiguer mes hommes par des veilles, des appareils de lumière électrique qui éclaireront les alentours des bivacs, à douze mille mètres au moins.

« Chaque chef de patrouille aura une de ces merveilleuses lampes électriques, qui projettent des rayons à six cents pas et illuminent un vaste espace.

« Pour prendre les places, j'emploie des montgolfières qui soulèveront des engins terribles, de deux ou trois mille kilos, et les laisseront tomber sur les poudrières des assiégés, en passant sur eux.

« Pendant mes batailles, j'aurai des montgolfières en l'air, dominant le terrain, retenues par des câbles à des fourgons ; ceux-ci pourront faire avancer ou reculer l'aérostat, d'où un officier, avec des pavillons, me signalera les mouvements de l'ennemi.

« J'aurai de merveilleux fusils portant à des distances fabuleuses, et se chargeant avec une poudre d'acide carbonique supérieure à toute autre.

« J'aurai des mitrailleuses qui produiront des effets incroyables; car l'artillerie est très-arriérée, et je suis certain de trouver un mécanisme propre à mouvoir des canons-revolvers.

« Je sais une plante américaine qui, quand on la suce, permet de rester huit jours sans manger, et qui est à ce titre bien précieuse.

— C'est le iliquanen? fit le commandant.
— Précisément.

« Les gouvernements ne s'en préoccupent pas; chacun a entendu pourtant parler de ses propriétés.

« Je l'acclimaterai au Soudan.

« J'aurai des viandes comprimées sous un petit volume, des essences de café, du pain dont vingt grammes nourriront un soldat; des légumes réduits en poudre et rendant le scorbut impossible.

« Mon armée, avec ces provisions peu encombrantes, fera des marches inouïes.

« Et la guerre est dans les jambes, vous le savez.

« Enfin, je serai muni d'équipages de ponts en caoutchouc, qui me permettront le franchissement des fleuves en peu d'heures; j'aurai même pour chaque soldat, au besoin, une ceinture de sauvetage qui soutiendra chaque homme à demi hors de l'eau; il marchera dans la rivière comme à terre, faisant feu sur l'ennemi.

« Mes pièces auront des radeaux pour le franchissement des cours d'eau.

« De cette sorte, je pourrai toujours jeter une division, sans ponts, sur une rive opposée.

« Mais je ne puis tout vous dire.

« Ce serait trop long.

« Par ce simple aperçu, vous pouvez juger des ressources nouvelles que je créerai.

« Maintenant, messieurs, permettez-moi de vous conseiller de pousser la défense activement. »

Parmi ces officiers, les uns avaient écouté incrédules, d'autres hésitant, d'autres enthousiastes.

Tous étaient surpris par ces gigantesques projets.
Raoul les quitta.
Il entra dans sa tente.
La marquise avait disparu.
Il l'appela.
Point de réponse.
Il la chercha.
Point de traces...

XXIV

La ferkani.

En l'absence de Raoul, retenu dans le conseil, la marquise s'était profondément endormie sous sa tente; c'était l'heure de la sieste.

La jeune femme éprouvait ce sommeil de plomb qui accable dans les chaudes régions du Sahara; elle était plongée dans une sorte de catalepsie; on sait qu'un coup de canon ne suffit pas, à l'heure de midi, pour éveiller un camp endormi.

D'autre part, il arrive fréquemment, au désert, que le sol mouvant, fouillé par les pluies d'hiver, se creuse; à la surface il est stable.

On le voit uni, ferme en apparence; on n'a aucun indice de défiance.

En dessous, une voûte plus ou moins solide s'est formée, couvrant une excavation, laquelle est tantôt très-profonde, tantôt fort petite; on en voit d'un pied et de deux cents mètres cubes.

Très-souvent un chameau entier, de petites caravanes même sont engloutis.

Pas un voyageur qui, même dans les lacs salés, — ces

saharas en miniature, — n'ait vû des squelettes de dromadaires pris jusqu'au poitrail dans ces trous perfides, appelés ferkanis.

La tente de Raoul était dressée sur un de ces trous; Marie dormait au-dessus d'une ferkani; celle-ci, assez solide, avait résisté longtemps; tout à coup elle s'effondra, et engloutit la jeune femme.

Il se produit en pareil cas un phénomène des plus singuliers.

Aucun savant n'a pu encore l'expliquer d'une façon satisfaisante.

Aussitôt l'objet qui pesait sur la ferkani disparu, le sable revient à son niveau; la place est unie, comme si rien ne s'était passé, et ce, à la minute; c'est phénoménal.

On a parlé d'élasticité du sol, de siphon, de loi de réaction, on a entassé phrases sur phrases sans éclaircir le problème.

Nous n'essayerons pas de le faire, nous échouerions là où les doctes membres de tous les Instituts du monde ont échoué.

Marie était ensevelie.

Raoul entra dans la tente au moment où elle venait de disparaître.

Il questionna.

Ce fut en vain.

Il appela.

Point de réponse.

Après une prompte investigation dans le camp, il revint sous la tente, pour passer une inspection rapide et trouver des indices.

Marie se mourait.

Sous le sol, elle entendait marcher; elle entendait appeler; elle poussa des gémissements.

Raoul entendit des plaintes vagues, se mit à écouter, et poussa un cri de joie.

— Une ferkani! s'écria-t-il.

Il ouvrit la tente, demanda des outils, et la marquise fut délivrée.

Elle vivait.

Cinq minutes suffirent pour effacer toutes traces de l'accident.

Seule avec lui, et remise de sa frayeur, elle lui sauta au cou avec un fou délire.

— Viens ! s'écria-t-elle.

« Un baiser !

« Je veux un baiser.

« Tant que nous ne serons pas dans une ville française, je craindrai de te perdre, et je veux faire des provisions d'amour... »

XXV

Erreur n'est pas compte.

Nous avons laissé Nadief en face d'un cadavre qui se carbonisait.

N'exagérons pas.

Disons en face d'un homme vivant, à demi rôti déjà par un brasier.

Un cavalier accourait.

— Nadief! cria-t-il.

Le chasseur se retourna.

Derrière le cavalier accourait une jument blanche montée par une femme.

Cette femme, c'était Jeanne!

Jeanne vivante.

Les trois Assaiouas avaient pris la fausse Jeanne pour la véritable.

Celle-ci, mandée par un chasseur, crut que son amant avait laissé à celui-ci un mot pour elle, des instructions, quelque message.

Elle était venue.

Comprenant difficilement le langage de son conducteur, elle s'était abstenue de le questionner, et l'avait suivi.

C'était elle qui avait péri.

Pauvre fille !

Elle avait voulu surprendre Pierre au Sahara, lui donner cette preuve de dévouement; elle se disait que, se trouvant isolé dans un ksour, il l'aimerait, et qu'elle reprendrait sur lui son empire.

Elle lui avait écrit, annonçant sa résolution audacieuse; la lettre n'était pas parvenue aussi vite qu'elle; on ne connaît pas de poste régulière dans les pays alliés de la France.

Le service se fait par occasion.

A cette heure, elle gisait inerte près de celui qu'elle avait tant aimé.

Nadief poussa un cri de joie à la vue de Jeanne, lui envoya de la main un salut pressé, se retourna vers Pierre, et le débarrassa de ses liens d'une main active.

Il le débâillonna.

— Il est trop tard ! murmura Pierre d'une voix caverneuse et lugubre.

« J'en mourrai ! »

Nadief le regarda stupéfait.

— Le sot ! s'écria le chasseur.

— L'idiot !

« La brute !

« Tu t'imagines donc, bandit, que je vais te faire grâce, parce que tu t'es trompé ?

« Allons donc !

« Je veux que tu regardes ta victime.

« Je veux que tu meures sachant que Jeanne est pure, que tu as livré ta maîtresse à ton ordonnance et aux Sahariens, que tu t'es bêtement trompé.

« Et, maintenant, pars pour l'éternel voyage. »

En disant ces mots, il avait jusqu'à la fin soutenu le moribond.

Pierre tomba en travers du brasier.

Il se tordit convulsivement pendant quelques minutes, se débattit, poussa des hurlements sauvages, des cris stridents pendant quelques secondes, puis il rendit l'âme tout d'un coup.

Une constriction du cœur, plus forte que les autres, l'avait foudroyé.

— En route! dit Nadief.

Il prit le cheval du chasseur.

Celui-ci marcha à pied.

Jeanne avait jeté un dernier regard au cadavre, puis elle avait tendu la main à Nadief.

— Au moins, toi, fit-elle, tu les tues.

« Embrasse-moi. »

Il amena son cheval au flanc de la jument, il saisit la taille charmante de Jeanne, et l'embrassa avec une folle tendresse.

Il crut la sentir frémir sous ce baiser.

— Que je te sais gré de l'avoir tué, répéta-t-elle ; à la bonne heure.

Et elle expliqua la scène qui s'était passée au camp entre le Corse et le lieutenant.

— Cervani avait raison, dit Nadief.

« Je lui en eusse voulu.

« Mais tout est fini.

« Ils sont morts tous deux. »

Jeanne s'était prise à rêver.

Nadief la regardait à la dérobée; de temps à autre des nuages passaient sur ses yeux.

Le prince aimait jusqu'au délire cette enfant charmante, qui était sa femme sans être à lui; il sentait entre elle et lui une barrière.

Tout à coup elle se retourna.

Ses grands yeux bleus plongèrent leurs flammes dans l'âme de Nadief.

Elle le tint ainsi un instant sous son regard brûlant, et lui dit soudain :

— Espère !

Puis, vivement, elle cravacha sa jument, qui partit au galop; Nadief suivit de loin, troublé et touché, plein d'espoir...

Un jour, peut-être, sa femme serait sa femme.

XXVI

L'abbaye.

Au camp, deux jours s'étaient écoulés, deux jours consacrés au travail.

Les tours carrées s'étaient élevées, détachées en avant des quatre angles.

Les murs avaient été consolidés.

Deux cents soldats, — des turcos, — avaient tressé les cordes d'alpha avec adresse; les indigènes sont faits à ce genre de sparterie; les palmiers enfoncés aux angles servaient de points d'attache; un tissu lâche, mais solide et suffisant, retint les sables verticalement.

Les fossés d'embuscade, cachés sous une mince couche de terre, étaient préparés.

Lorsque les Touareggs parurent, les Français étaient en mesure de leur résister.

Les Sahariens établirent leurs tentes à trois kilomètres, tout autour du camp.

Ils avaient paru vers trois heures après-midi; au soir, ils étaient installés.

Raoul examina les dispositions des assiégeants, et resta

convaincu qu'ils tenteraient un assaut de nuit ; il en prévint le commandant.

Tout le camp fut averti.

On confia les quatre tours aux artilleurs, sous la protection d'un piquet de vingt-cinq zouaves déterminés ; à chaque angle de l'enceinte, une compagnie d'infanterie se tenait prête à sauter dans la tranchée de communication, pour courir au secours des garnisons des tours, si elles étaient trop menacées.

Les spahis, à pied, devaient garnir deux faces et tirailler pendant les attaques.

Les dispositions prises, on attendit.

Pendant la veille, chacun demeura sous sa tente, prêt à prendre les armes.

Raoul avait recommandé au commandant de tenir tout son monde silencieux.

Sous une tente d'officier de spahis, une scène originale se passait.

Plus de quinze soldats arabes, sous-officiers ou brigadiers, s'y tenaient accroupis autour d'un lieutenant indigène.

On sait que les spahis, commandés par des officiers mi-partie français, mi-partie arabes, sont presque tous indigènes.

Chose assez bizarre.

Les spahis furent souvent traîtres à la France, les turcos, jamais.

Ceci tient à ce que ces derniers, appartenant aux basses classes tyrannisées par les chefs, sont très-dévoués à la France, qui protége les pauvres fellahs ; les spahis, presque tous nobles (djouads), ne nous servent que par appât du gain, pour porter le manteau rouge, signe de commandement ; au fond, ils nous exècrent.

N'avons-nous pas détruit leurs priviléges.

Ils étaient là quinze ou seize conspirateurs écoutant leur chef.

Celui-ci était un fils de marabout.

Il exécrait la France.

Il n'était entré à son service que pour lui enlever des sol-

— Frères, disait-il aux conjurés, le moment est venu de nous délivrer du joug.

« Nous avons tous juré de nous taire sur mes projets de délivrance.

« Merci du silence gardé.

« Voici ce que je veux faire de vous.

« Nous allons ce soir passer à l'ennemi, entraînant tous nos camarades.

« Nous laisserons passer les Touareggs, et nous serons à leur tête pour le massacre, et, surtout, qu'on ne laisse pas échapper les chefs.

« Mon plan est de me mettre à votre tête ; une fois libres, nous ferons route pour les frontières du Tell, et nous y arriverons avant que soit donnée la nouvelle du désastre qui aura lieu cette nuit.

« Nous choisirons la ville la plus riche de la frontière ; une ville dont la garnison sera petite et du reste sans défiance.

« Nous nous présenterons trompettes en tête ; nous entrerons en amis.

« On ignorera notre trahison.

« Nous serons accueillis à bras ouverts, et nous massacrerons la population et les soldats ; nous recueillerons un grand butin.

« Nous disparaîtrons alors, pour mettre notre fortune en sûreté.

« Ceux qui voudront continuer à me suivre, je ferai faire des razzias superbes.

« Nous rôderons sans cesse le long des frontières françaises, et nous tomberons sur les douars qui seraient alliés aux Rounis.

« Mon plan est-il accepté ? »

Les yeux des Arabes étincelaient dans l'ombre devant ces larges perspectives ; tous répondirent, mais à voix basse.

— Salut à toi !

« Tu parles d'or. »

Il se fit un grand silence.

— Où est le chouaf (espion) ? demanda le lieutenant à ses conjurés.

— Me voici, répondit une voix.

— Tu as vu les Touareggs ? demanda le chef.

— Oui.

— Comment as-tu fait?

— J'étais du nombre de ceux qui ont été envoyés à la recherche des palmiers.

« En chemin j'ai fait mine d'être malade ; en avalant du tabac je m'étais donné des coliques, et je vomissais violemment.

« On m'a renvoyé au camp.

« J'ai couru vers les Touareggs.

« Je leur ai dit qu'ils pouvaient compter sur nous ; ils ont un anaya.

« Voici le leur. »

Le chouaf remit à son lieutenant une carte en parchemin scellé.

Il le prit et lut.

— Bien ! dit-il.

Puis interrogeant ses hommes :

— Combien de camarades sont dans la conjuration ? demanda-t-il.

L'un affirma disposer de dix, l'autre de cinq, plusieurs d'une vingtaine.

Ils donnèrent les noms.

Le tiers des pelotons était assuré à la révolte ; le reste, que l'on n'avait point sondé par prudence, devait probablement tourner au premier appel.

— Ont-ils promis d'attaquer cette nuit ? demanda encore le lieutenant.

— Oui ! fit le chouaf.

— Tout est bien.

« Retirez-vous.

« Sauf toi, Nidji. »

Nidji était un sous-officier.

Le lieutenant attendit que, lui excepté, tous fussent sortis de la tente.

— Que me veux-tu ? demanda le maréchal des logis à son chef.

— Te confier une mission.

« Tu tâcheras de trouver un homme qui, dès le début, tuera le Coupeur de Têtes.

« En connais-tu un capable de lui envoyer une balle dans la tête ?

— Oui.

« Je compterais fort sur Benouss.

— Parle-lui, alors.

« Puis tu auras soin d'enlever dans la mêlée la jolie Française.

« Il faut qu'elle soit ma prisonnière.

— Tu l'aimes ?

— Elle me plaît.

— Tu l'auras, dit Nidji.

« Je la placerai sur mon cheval, et la conduirai hors du camp.

— Je compte sur toi.

— Absolument !

Les conjurés se séparèrent.

Trois heures plus tard les Touareggs se mettaient en mouvement.

Ils avaient assez intelligemment combiné leur plan de combat.

Ils comptaient s'élancer sur le bivac, arriver à cheval au pied des murs, descendre alors et donner l'assaut ; de la sorte, ils passaient si vite entre les canons, que ceux-ci n'envoyaient qu'une ou deux volées ; ils ignoraient deux choses.

La première, que les canons pouvaient virer sur leurs affûts, et mitrailler les colonnes au pied même des remparts.

Les spahis n'avaient pas visité les tours, ne connaissaient point le jeu de l'artillerie, et supposaient que les canons ne pouvaient tuer que devant eux, comme quand ils sont sur un mur.

Seconde erreur.

Raoul était défiant.

Il avait pour les spahis un mépris souverain, et les tenait en suspicion.

Non qu'il crût à une révolte générale ; mais il pensait que sur deux cents spahis il y a toujours un homme ou deux qui nourrit le projet de passer à l'ennemi.

Comptant sur les fossés d'embuscade, ne voulant pas que l'ennemi connût leur existence, il les fit creuser pendant une seule nuit par les zouaves, avec ordre exprès de ne pas souffler mot ; on en expliqua les motifs.

Les zouaves, en gens intelligents, se gardèrent de dire quelle sorte de travail ils avaient fait en avant des fronts.

Autre contrariété.

Raoul avait fait ramasser des meules d'alpha et de diss.

On y avait mis le feu.

Les abords du camp étaient donc éclairés comme en plein jour.

Les Touareggs n'en persistèrent pas moins dans leurs projets.

Ils formèrent quatre colonnes pour aborder le camp de toutes parts ; on les vit partir au trot et s'avancer rapidement.

A un coup de clairon, chacun fut à son poste, la fusillade commença.

Raoul inspectait le camp.

Au début de l'action, il passa près des spahis et jugea de leur tir.

— C'est trop haut ! dit-il.

« Visez plus bas. »

Vaine recommandation !

Les Arabes continuèrent à trop relever les canons, ils voulaient épargner les Touareggs.

— Imbéciles ! fit Raoul.

« Ils ne sont bons à rien. »

Et jugeant sans doute qu'on n'obtiendrait pas de ces indigènes de bons résultats, quoi qu'on fît, il passa, haussant les épaules avec dédain.

Il alla dire quelques mots au commandant, et puis il vint à sa tente.

La marquise l'y attendait.

— Ma chère Marie ! lui dit Raoul, je t'ai préparé pour cette nuit la plus belle scène de massacre qui se puisse voir.

« Viens avec moi. »

La jeune femme obéit un peu émue.

On entendait le bruit de la lutte.

Les Touareggs avaient franchi la distance qui les séparait

de la portée des fusils ; ils s'étaient arrêtés pour tirailler un peu.

Leur idée était de se couvrir de fumée, puis de bondir soudain.

La marquise était sur le seuil au moment où tonnait le premier coup de canon, et elle tressaillit en l'entendant.

Rien de grave, de solennel comme cette grande voix de la bataille.

Elle éveille tous les échos du cœur.

Le coup avait porté une charge de mitraille au milieu des Touareggs.

Plus de cinquante hommes furent balayés par cet orage de fer.

On entendit le cri.

— Medfa ! le canon.

« Medfa ! »

Jamais ces hordes de sauvages n'avaient affronté d'artillerie, ils en ignoraient les effets.

Ils tinrent bon toutefois.

La marquise fut frappée de l'aspect imposant du champ de bataille.

Le camp était obscur.

Sur les murailles, les soldats couchés le long des parapets, noirs et muets, dirigeaient un feu vif contre l'ennemi ; aux lueurs des coups de fusil on les voyait se dessiner, se détacher sur la masse du terrain, puis ils disparaissaient dans les ténèbres.

Hors du camp le terrain était inondé par des flots de lumière ; on eût dit, sur ce sable, un lac de feu que bordaient les grandes ombres des masses Touareggs. Celles-ci, profondes, allaient se perdre au loin dans la nuit qui couvrait le Sahara qui se déroulait sans limites, mystérieux, donnant pour cadre à ce tableau l'immensité.

La marquise, en artiste, se livra à l'admiration, frémissant à toutes les émotions d'une pareille scène.

Elle entendit de bizarres sifflements.

— Qu'est-ce ? fit-elle.

— Des balles, chère amie.

— Je suis donc exposée ?

— Oui.

« Mais il est peu probable que vous soyez tuée, et je ne veux pas d'une poltronne pour compagne.

« Du reste, vous avez été bravé souvent. »

Ils se sourirent.

— Tu as raison de compter sur moi, dit-elle; je n'ai pas peur à tes côtés.

« Mourir dans tes bras, ce n'est pas mourir !

— Et puis, coquette, tu sais bien que je te suivrai partout, même dans la mort.

Ils se serrèrent les mains.

La canonnade grondait terrible.

Les boites à balles allaient à chaque fois porter des pluies de biscaïens sur l'ennemi que la fusillade trouait sur deux faces du moins; il se faisait dans les rangs des vides sanglants.

Alors, les chefs, impatients, se décidèrent pour l'attaque et crièrent aux leurs :

— En avant !

Les cavaliers bondirent.

Les quatre colonnes partirent ensemble; ces charges convergentes furent grandioses.

Qu'on s'imagine cet orage !

Sept mille hommes s'abattant à la fois sur un point concentrique.

La terre tremble, la poussière s'élève en nuages blancs qui tournent furieusement sur eux-mêmes; le fracas des fers battant le terrain roule comme un coup de foudre prolongé et effrayant; on sent qu'une force géante va s'abattre sur vous.

La marquise, serrée au bras de Raoul, suivait les progrès de ses charges.

En vain le canon foudroya les têtes de colonnes, en vain la fusillade abattit des centaines de chevaux et d'hommes, les colonnes passaient... foulant morts et blessés, broyant les corps vivants ou morts.

Aux spahis, la conjuration allait éclater.

Les chefs parlaient à voix basse.

Sous prétexte d'encourager ses hommes, le lieutenant allait de l'un à l'autre.

— Attention ! disait-il haut.

« Vise bien ! »

Et tout bas :

— Quand la charge sera lancée, au mot de Allah ! Allah ! tombons sur les Français.

Et chacun des seize chefs avertissait les siens et même ceux qui ne savaient rien encore.

Les choses se passaient ainsi.

Un traître disait à son voisin.

— On a fait un complot.

« Les Touareggs sont prévenus.

« Au mot d'Allah, nous nous jetons sur les Français; et nous les exterminons.

« Si tu parles, je te tue. »

Et l'homme, n'eût-il pas voulu être de ce guet-apens, se trouvait forcé de se taire.

Ce qu'il y avait de terrible, c'est qu'ignorant l'existence des fossés, les spahis n'allaient pas attendre la catastrophe des Touareggs.

Ils allaient se jeter sur les Français, et à la première décharge en coucher la moitié par terre; on aurait bon marché du reste.

Alors, malgré les fossés, malgré le canon on enlèverait les tours détachées.

Les cavaliers se remettraient du premier désastre, et donnant la main aux spahis devaient en finir vite avec les débris de la colonne.

Dans l'ombre, à dix pas de Raoul, faisant mine de râler, un assassin soupirait, se tortillant et semblant prêt à trépasser.

Comment s'en défier ?

Il avait en main son pistolet chargé; au premier signe il tirait.

Et Raoul tomberait.

Quant à la marquise, un vigoureux gaillard se tenait prêt à l'enlever.

Il avait pour cela, sellé et désentravé son cheval, un excellent barbe.

Ainsi toutes les ingénieuses combinaisons de Raou échouaient devant la trahison.

Les charges étaient lancées.

Tout à coup, comme un blessé qui implore Dieu, le lieutenant s'écria :

— Allah!....

« Allah!.... »

Tous les spahis se levèrent...

XXVII

Trahison.

Les spahis, à l'appel du lieutenant, s'étaient levés comme un seul homme.

Ils allaient tirer.

Mais tout à coup, ils s'aperçurent qu'ils étaient tenus en joue par plus de trois cents hommes (zouaves et turcos) qui, plus prompts qu'eux, s'étaient retournés au signal et avaient visé les révoltés.

Le commandant et les officiers français s'étaient retirés brusquement.

On entendit une voix qui criait :

— Si un seul spahis fait un geste, tout l'escadron est mort.

Pas un ne broncha.

Le lieutenant lui-même ne bougea pas.

De temps à autre un de ces traîtres tournait la tête vers les Touareggs ; mais ceux-ci tourbillonnaient sans avancer sur le bivac.

— Bas les armes ! cria la voix du commandant en chef; etez vos mousquetons à terre.

Les spahis obéirent.

Trois cents baïonnettes étincelant devant eux les intimidaient.

Tout à coup on entendit un coup de pistolet et un râle guttural.

C'était Raoul qui brûlait la cervelle à l'assassin dont la comédie ne l'avait point dupé ; il le guettait depuis le commencement de la scène et se tenait prêt à lui faire sauter le crâne.

Raoul avait découvert la conspiration, ou du moins il l'avait devinée.

Remarquant le mauvais tir des spahis, il avait fait part de ses soupçons au commandant qui avait aussitôt pris ses mesures.

L'infanterie avait été prévenue d'avoir, au premier appel, à coucher les cavaliers indigènes en joue et à faire feu au commandement; l'ordre avait été très-ponctuellement exécuté.

Les mousquetons des révoltés étaient humblement posés devant eux.

Vingt zouaves les ramassèrent et les portèrent en sûreté près de leurs compagnies; d'autres prirent les pistolets, les poignards et les yatagans.

Alors Raoul et le commandant passèrent devant les rangs des coupables.

— Qui est le chef de révolte? demanda le chef de bataillon; parlez, pour sauver vos têtes.

— Le lieutenant ! dirent vingt voix.

Un turco empoigna le lieutenant.

— Après lui, qui a poussé les autres ?

Quinze noms furent aussitôt prononcés ; quinze hommes furent livrés.

Le commandant fit garrotter les individus désignés et les fit jeter sous une tente, que quatre hommes gardèrent, fusil chargé.

Il ordonna :

— Que chaque brigadier des spahis prenne son peloton et à partir du numéro un, se porte en avant à l'appel qu'on en fera.

Les pelotons s'organisèrent.

— Numéro un ! fit le commandant.

« Dix pas en avant ! »

Un caporal de zouave attendait.

— Prends ces hommes, dit le commandant, incorpore-les dans ton escouade.

« Et veille sur eux.

— Le premier qui bouge est mort ! fit le caporal. J'en réponds, mon commandant.

La même manœuvre se répéta pour le deuxième peloton et pour les autres.

Si bien que les spahis se trouvèrent disséminés parmi les zouaves.

« La vie de tous ces hommes, fit dire le chef de bataillon par les officiers, dépend de leur conduite de cette nuit ; les caporaux désigneront ceux qui seront mous au feu ; on les fusillera immédiatement. »

Toute cette scène ne prit pas dix minutes et se passa au milieu du silence le plus profond ; on n'entendait que les ordres donnés.

Mais au dehors l'ennemi rugissait.

Les compagnies de zouaves presque doublées furent réparties le long des remparts, et la veille de guerre recommença avec calme.

On eût dit que rien ne s'était passé.

Raoul était revenu près de la marquise ; elle lui dit avec un sentiment admiratif :

— C'est une chose admirable que la discipline ! Ne trouvez-vous pas, mon ami ?

— Quand elle ne tombe pas dans les minuties et ne tue pas l'initiative ; répondit Raoul.

« Mais voyez donc. »

Des scènes de carnage épouvantables se passaient devant le camp.

Sur les quatre faces, les escadrons ennemis s'étaient effondrés dans les fossés ; les premiers faisant buter les seconds, ceux-ci les autres ; des milliers d'hommes s'étaient abattus comme ces soldats de cartons que la main capricieuse d'un enfant renverse sur le tapis d'une table de jeu.

On avait vu les têtes de colonne s'enfoncer et les rangs vaciller, puis s'abattre derrière elles ; alors le carnage avait commencé.

Les canons, bourrés jusqu'à la gueule, vomissaient des projectiles qui, à si courte portée, trouaient de part en part hommes et chevaux.

Les fusils des tireurs, surchargés de petits cailloux, en guise de chevrotines, faisaient d'affreux ravages ; le sang coulait sur des chairs palpitantes.

A chaque décharge, le point frappé était si bien balayé, qu'on n'y revenait pas ; les artilleurs et les tireurs visaient plus loin.

Les cavaliers surpris, effarés, anéantis, confondus, se cramponnaient à leurs montures et cherchaient à remonter en selle ; mais les chevaux et les maharas ruaient furieusement, se cabraient et se dégageaient.

On les voyait par milliers, bondir au hasard, piler les hommes sous leurs pieds, les éventrer de leurs ruades, les mordre avec rage.

Fuir !

Beaucoup l'eussent voulu.

Peu le pouvaient.

On se heurtait, on s'entassait, on se retenait, en se cramponnant l'un à l'autre, on tombait, butant sur des morts ou blessé par un coursier ; puis la mitraille passait et couchait tout à terre.

Puis vint un moment terrible, qui redoubla l'effroi et la confusion.

La révolte était comprimée ; sept cents hommes se mirent alors à tirer.

Les spahis eux-mêmes visaient bien ; ils avaient la mort en perspective.

La boucherie devint atroce.

Les officiers, pour ne pas laisser égarer les balles, avaient ordonné des feux de pelotons ; cent cinquante coups à la fois.

Ils désignaient, pendant la charge qu'ils hâtaient, un point où s'agitait le plus de monde ; les canons et les fusils visaient tous là.

— Feu !

Un éclair ondulait, l'air était déchiré par une détonation et des sifflements stridents, une clameur montait au ciel, des masses roulaient fauchées, et... le canon succédait... puis une autre compagnie...

Ainsi pendant de longues minutes.

Enfin l'ennemi se dégagea.

Les chevaux et les mahara gagnèrent du large, suivant d'instinct les hommes ; l'artillerie appuya une chasse avec des obus ; puis le silence tomba comme un manteau de plomb sur le champ de bataille ; silence profond et trouble.

Profond par moment.

Troublé par intervalles de cris d'agonisants, de plaintes râlantes.

Pendant quelque temps, les cœurs furent impressionnés par cette catastrophe ; tant de sang versé épouvantait les plus vieux soldats ; on se taisait et chacun songeait.

Mais une voix s'éleva gouailleuse :

— Quelle volée, mes enfants ! disait-elle. Si le sable a soif, il a de quoi se rafraîchir, le vieil ivrogne ! Il boit à même.

C'était Passe-Lacet qui blaguait l'ennemi.

Ce fut un signal.

Les voix railleuses des zouaves s'entrechoquèrent : il y eut un feu roulant de plaisanteries ; ce fut un brouhaha joyeux.

Chez les turcos, on était préoccupé ; on y attendait un ordre qui ne venait pas.

Un officier indigène, interprète de tous, vint au chef de bataillon :

— Mon commandant, demanda-t-il, permets-nous d'aller aux morts.

« Les hommes demandent le pillage !

— Allez ! fit le chef de bataillon ; mais au premier signal que chacun rentre.

« Cinquante hommes et les spahis resteront ici ; je fixerai la part de ces cinquante hommes ; quant aux spahis...

— Ils peuvent se fouiller...

L'incorrigible Passe-Lacet avait fini la phrase de son chef.

— Et toi aussi, drôle, tu te fouilleras ! dit le commandant sévèrement.

« Je t'apprendrai à te mêler de ce qui ne te regarde pas.

— V'lan ! fit le sergent Badou.

« Attrape, Passe-Lacet.

— Tu garderas les spahis aussi, dit le commandant ; et tu n'auras pas de part.

Passe-Lacet s'en alla.

Mais, à dix pas, il maugréait entre ses dents ; à vingt pas, il ne se gênait plus pour jurer les cinq cent mille diables du pandœmonium.

Il voyait des bandes joyeuses de maraudeurs s'élancer sur chaque face et courir au pillage avec des exclamations d'enthousiasme.

Malheureux Passe-Lacet.

Une heure après, la retraite sonnait et tous rentrèrent chargés de dépouilles.

Brides dorées, selles brodées, ceintures, burnous, largues, bourses, armes, tout était bon, tout était pris, tout était emporté.

Le commandant enjoignit aux officiers de faire mettre la moisson de chacun en sûreté, avec détail des objets sur le carnet des caporaux, pour rendre les vols impossibles; le volé aurait reconnu le voleur.

Les bijoux et l'argent seulement restèrent dans les poches de ceux qui en avaient trouvé; heureux gaillards, ceux-là.

Le travail commença.

Il s'agissait de déblayer les fossés et d'enterrer les cadavres.

Tout le monde s'y mit.

Sept cents hommes qui se pressent, un sable facile à remuer, trois heures de nuit devant eux, c'était plus qu'il n'en fallait pour avoir terminé au jour; à l'aube, il n'y avait plus que des traces de sang pour marquer l'endroit du massacre ; les fossés étaient bordés de monticules qui les exhaussaient beaucoup.

On avait amoncelé sur les deux bords plusieurs couches de chevaux, de chameaux et de Touareggs; on avait jeté des monceaux de sables dessus, et les cadavres avaient ainsi servi à fortifier le camp.

Trois ans plus tard, nous avons vu ce champ de bataille avec un ingénieur qui venait percer des puits dans le Sahara.

Nous eûmes la curiosité de faire déblayer un tumulus.

Un corps parfaitement conservé, frais, presque vivant en apparence, fut mis à nu.

Nous nous étonnions.

L'ingénieur nous expliqua ce phénomène, en nous faisant

remarquer que le sable étant fortement imprégné de sel, avait dû conserver les chairs; ce qui n'avait certes rien de surprenant.

Nous ne nous en préoccupâmes plus.

Deux jours après, repassant par là, nous vîmes plus de mille hommes occupés à fouiller le terrain et à en retirer les morts.

Notre escorte avait parlé.

Le bruit s'était répandu que Mahomet avait miraculeusement conservé ses enfants; tous ceux qui n'avaient pas reçu la sépulture musulmane à cette affaire et qui l'attendaient, comptaient un parent, quelques parents survivants, et ceux-ci s'étaient empressés d'accourir.

On cherchait les martyrs pour les inhumer en terre sainte.

O crédulité des simples!

Mais autre temps, autres mœurs.

Nul ne songea à maudire les roumis.

Nous trouvions des puits et répandions l'abondance là où régnaient la soif et la faim.

Mais revenons au camp.

Les conseils de Raoul avaient évidemment été les causes de cette victoire; officiers et soldats lui firent au jour une ovation.

Le commandant vint à lui, l'embrassa et lui adressa les plus affectueux remercîments; toute la garnison fut mise sous les armes; il s'agissait d'une exécution importante; celle des révoltés.

Ils furent amenés tous les seize sur leur front de bandière.

Seize spahis, désignés comme ayant été chaoucks, attendaient sabre au poing.

— Allez! dit le commandant.

Les chaoucks saisirent chacun par les cheveux un coupable à genoux, ils brandirent leurs sabres, et coupèrent seize têtes.

Les cavaliers indigènes, fort pâles, frissonnaient dans les rangs; l'exemple était efficace.

Le commandant murmurait entre ses dents :

— Il est fâcheux que l'on ne puisse envoyer ces têtes aux Touareggs!

« Ça leur aurait donné à songer. »

Derrière lui, une voix faisait :

— Hem !

« Hem ! »

Le commandant se retourna.

Il vit Passe-Lacet.

— Encore toi !

— Commandant, j'ai toussé.

— Tu as envie de parler ?

— Si vous ne punissez pas, j'ai fait hem ! hem ! pour obtenir la parole.

« Si vous avez envie de me punir, je soutiens que la rosée m'a enrhumé.

— Parle, animal !

— Commandant, j'ai un moyen de faire arriver ces têtes aux Touareggs.

— Tu ne mens pas ?

— Non, commandant.

— Double part de butin si tu réussis, mon garçon, mais ne te fais pas couper le cou.

— On a une trop jolie tête pour n'y pas tenir, mon commandant.

— Faquin, va.

— Je ne demande que l'âne du cantinier pour faire mon affaire.

— Prends-le.

« Il aura un bon mulet en place. »

Le commandant emmena déjeuner tous les officiers du camp.

Au dessert, on entendit des rires.

Les officiers surtout.

On aperçut (historique) l'âne du cantinier affublé d'un burnous ; il avait les marques distinctives des courriers arabes, et portait au bout de sa queue et entre les oreilles un grand anaya blanc, signe des parlementaires.

Sur sa grosse tête était une grande calotte rouge, faite d'un pan de burnous écarlate et enroulée d'une corde en poils de chameau.

A mi-corps, sous-ventrière inutile, mais pittoresque, une ceinture bleue ceignait les flancs de l'âne ; un grand sabre était passé dedans avec deux pistolets énormes trouvés sur le terrain.

Les pans du burnous recouvraient en partie la croupe de l'âne avec un trou par où la queue passait fièrement et frétillait.

Dans deux couffins étaient enfermées les seize têtes tranchées le matin même.

Jamais âne n'eut une si burlesque apparence; c'était vraiment chose comique que ce baudet déguisé en Bédouin.

Les zouaves et les turcos riaient à pleine gorge; quelques spahis aussi.

Une trompette pendait au cou de l'animal, pour que rien ne lui manquât.

Passe-Lacet vint aux officiers.

— Qu'est-ce que veut dire cette mascarade? demanda le commandant.

— Vous m'avez dit d'envoyer les têtes, j'ai trouvé un courrier.

— Il ne voudra pas marcher.

— Vous allez voir.

Passe-Lacet, aidé de ses camarades, mena l'âne aux fossés, qu'on lui fit franchir sans encombre; de l'autre côté, on battit le briquet, et on lui fourra de l'amadou enflammé dans les oreilles.

Le pauvre baudet se mit à braire; on le lâcha le nez vers l'ennemi.

Il piqua droit dessus...

On juge de l'hilarité des soldats!

Mais grande fut la colère des Touareggs.

Une heure après, un autre âne revenait porteur d'une lettre.

Sur le dos (historique), il avait des paniers remplis d'excréments.

La lettre disait :

— Nous ne pouvons vous prendre d'assaut; nous vous prendrons par la faim.

Le commandant sourit.

— Nous avons vingt jours de vivres! dit-il.

— Vingt jours! fit Raoul, rester vingt jours m'ennuierait trop.

« Demain, je les ferai décamper !
— Et comment ?
— Laissez-moi vous surprendre.

Le bruit se répandit dans le bivac que le Coupeur de Têtes se faisait fort de délivrer la colonne ; il y eut grand émoi dans les rangs.

Raoul demanda que tout ce qui restait de tentes, d'étoffes de laine ou de coton fût apporté devant lui ; il examina les pièces.

Il demanda ensuite des tailleurs, et leur expliqua ce qu'il voulait.

Défense de le dire.

On vit plus de quarante ouvriers couper, coudre, assembler des pièces.

Des sentinelles éloignaient les curieux.

Le soir vint.

Raoul fit mander Passe-Lacet.

— Veux-tu rendre un grand service au camp ? demanda-t-il au joyeux zouave.

— Oui, parbleu ! fit celui-ci.

— Eh bien ! apprends par cœur cette phrase en langue touaregg, et tâche de la bien savoir.

Passe-Lacet, intrigué, lut la phrase écrite en caractères français et la répéta.

— C'est cela ! fit Raoul.

« Maintenant, va dehors, et que d'ici à une heure tu l'aies récitée cent fois. »

Passe-Lacet, grave, sortit et se plaça sur le rempart, marmottant sa phrase.

On vint le questionner.

— Laissez-moi ! disait-il majestueusement ; j'apprends un discours en touaregg.

Il faisait mine de connaître le secret.

Enfin, vers deux heures, les soldats virent se dresser au milieu du camp, au bout d'un palmier bien ébranché, un ballon, petit, mais solide et suffisant pour porter un seul homme dans une petite nacelle, faite avec de la toile solide tendue sur une carcasse de palmes enlacées.

La curiosité fut vive.

Le ballon fut gonflé avec de la paille d'abord, puis ensuite on plaça dessous une marmite au quart remplie d'esprit-de-vin.

En colonne, on n'emporte pas d'eau-de-vie, mais de l'alcool pur, qu'on coupe avec de l'eau pour le donner aux troupes en rations.

Une vingtaine de bouteilles étaient rangées dans la nacelle avec des provisions.

On sait que, pour faire monter un ballon, il suffit de chauffer l'air qu'il contient; celui-ci se dilate, devient plus léger que l'atmosphère environnante, et tend à monter.

Raoul fit mander Passe-Lacet.

— Monte là-dedans, lui dit-il.

Il lui montra la nacelle.

Passe-Lacet ne laissait pas que d'être étonné; toutefois, il monta dans la nacelle.

— Tu vas faire un joli voyage, mon garçon, dit Raoul; un voyage adorable.

« Les oiseaux t'envieraient.

— Ne blaguez pas, ou je descends! dit le zouave. Je sais que je joue ma peau.

— Tu es un brave garçon! fit Raoul. Ne prends pas des airs tragiques; tu ne cours aucun danger.

« La brise, qui chaque soir vient du nord, pousse juste sur Laghouat.

« Les Touareggs nous cernent.

« Donc, tu passeras sur un de leurs camps; tâche de ne pas être trop élevé alors.

« Quand tu veux monter, tu actives le feu; quand tu veux descendre, tu verses quelques gouttes d'eau dedans; tu en as dans des bidons.

« J'ai expérimenté ces ballons.

« Tu as un peu trop de chaleur en ce moment; mais tu apaiseras ton feu.

« Sois adroit et aie du calme.

« Le commandant te donne sa parole d'honneur de te faire décorer, si tu réussis.

« D'ici à peu d'heures tu passeras, ou sur Laghouat ou sur Aïn-Meddin; la brise est faible.

« Tu iras lentement.

« Tu feras descendre ton ballon sur l'un ou sur l'autre ksour.

« Tu as des provisions.

— Qu'on me passe mon fusil et des cartouches ! dit le prudent Passe-Lacet.

— Te rappelles-tu la phrase ?

— Oui.

« Mais du diable si je me doutais à quoi je m'exposais en l'apprenant.

— Tu hésites à partir ?

— Non.

« Mais j'ai bien le droit de marronner ; murmurer, c'est le premier devoir du zouave. »

On se mit à rire.

— Voici un porte-voix en papier assez solide ; dit Raoul au zouave.

— Merci.

« On gueulera votre phrase là-dedans, à ces moricauds-là ; soyez tranquille.

« Le commandant et le père Badou ne seront pas là pour vous clore le bec. »

Les officiers s'approchèrent.

Tous serrèrent la main à Passe-Lacet, qui riait des lèvres et fronçait le front.

— Descends sur le premier ksour que tu trouveras, recommanda encore Raoul.

— Vous m'embêtez, vous, dit Passe-Lacet de mauvaise humeur ; je descendrai où je voudrai ; à Tombouctou ou au Sénégal, ou au cap de Bonne-Espérance.

Il partait, ce brave Passe-Lacet ; mais il y allait comme un chien qu'on fouette.

— Descends, si tu as peur ! dit le commandant. Un autre ira à ta place.

Vingt voix dirent :

— Moi !

« Moi ! commandant. »

Passe-Lacet se décida.

Il prit son porte-voix :

— A la manœuvre ! cria-t-il.

Les hommes qui tenaient les cordes se préparèrent à obéir au commandement.

— Pare à lâcher tout avec ensemble! commanda Passe-Lacet.

Puis :

— Êtes-vous parés ?

— Oui! cria-t-on.

— Lâchez tout !

L'aérostat monta rapidement.

— De l'eau ! cria Raoul.

« De l'eau sur l'esprit !

— M...e! répondit Passe-Lacet exaspéré de la recommandation.

Il aurait volontiers étranglé Raoul.

Mais il suivit son conseil.

Les turcos n'avaient jamais vu de ballon, pas plus que les spahis.

Ils se laissèrent tomber à terre, en apercevant cette machine lumineuse s'enlever.

— Allah ! Allah ! criaient-ils.

Et ils ajoutaient :

— Les Français sont sorciers.

On entendait des cris au camp des Touareggs; on remarqua que Raoul avait fait peindre en noir des croissants sur le ballon.

Celui-ci passa, à deux cents mètres, sur le bivac des Touareggs.

Ils regardaient, ébaubis, ce prodige.

Tout à coup, une voix cria :

— Croyants, écoutez !

« Je suis Sidi-el-Hadj-Ben-Salem, le marabout chéri de Mahomet, chargé de porter ses ordres sur terre, monté sur sa jument de feu. Croyants, écoutez !

« Je viens de commander aux Français de retourner chez eux.

« Le désert est la limite de leur pouvoir.

« Je viens vous commander, à vous, Touareggs, de retourner sur-le-champ à vos tribus; le Tell (terre entre les montagnes et la mer) est aux Français; Allah le leur a donné pour punir les crimes des mauvais mahométans.

« Croyants, écoutez !

« Si, demain, un seul homme reste ici, cet homme sera mort.

« Allah le foudroiera.

« Croyants, j'ai dit la parole du prophète, et je retourne au ciel. »

Tout à coup, le ballon s'enleva rapidement, et disparut à des hauteurs prodigieuses.

Les Touareggs, terrifiés, le suivirent du regard ; ignorants et naïfs, ils crièrent au miracle, plièrent bagages et décampèrent.

Ils murmuraient entre eux :

— Ce n'est pas étonnant si rien ne nous réussissait ; Dieu était contre nous.

Au matin, le camp était libre.

Mais il nous faut suivre Passe-Lacet, dans le voyage le plus bizarre qui se soit fait dans un aérostat, voyage dont, heureusement, un officier de bureau arabe a recueilli les détails émouvants.

XXVIII

Les mages !

Pendant que Passe-Lacet voyageait dans les airs, un peu malgré lui, le camp était délivré; les Touareggs disparaissaient avec une rapidité surprenante.

La ruse avait réussi.

Les soldats étaient dans une jubilation indescriptible; non pas tant parce qu'ils ne couraient plus de danger, qu'en raison du bon tour joué aux Touareggs; ils avaient reçu double ration d'eau-de-vie et de café, et ils firent un punch.

On le but en l'honneur de Raoul qui, s'il se fût laissé faire, eût été porté en triomphe.

Vers huit heures du matin, les vedettes signalèrent une troupe nombreuse de cavaliers.

On reconnut les contingents des ksours.

Avec eux, les chasseurs à cheval.

La surprise des nouveaux venus fut grande; on leur expliqua ce qui s'était passé.

Il y eut un banquet de fraternisation.

Jeanne fut présentée à la marquise.

Les deux jeunes femmes demeurèrent ensemble sous une tente pendant le repas.

Elles se sentirent attirées par une vive sympathie, en dehors de ce qui pouvait les rapprocher.

Il était évident que les Touareggs ne reviendraient point et que la guerre était terminée ; le commandant reprit le chemin de la frontière avec sa colonne.

Les alliés, vers le soir, quand la brise se leva, retournèrent à Laghouat.

Avec eux, s'en allèrent les chasseurs.

Le camp resta désert.

Une heure plus tard, un homme, enveloppé du manteau rayé des Mozabites, s'assit silencieux près d'un foyer demi-éteint, et il en aviva légèrement l'activité.

Il demeura longtemps ainsi, immobile, l'œil plongé dans les espaces, le visage morne.

Un autre homme, un Mozabite aussi, parut au loin, gagna le camp, et prit place près du premier sans mot dire ; il ne fit qu'échanger avec lui un signe mystérieux.

Sans doute ces deux hommes appartenaient à une secte musulmane, une sorte de maçonnerie.

Il vint un troisième Mozabite.

Enfin un quatrième.

A l'aspect de celui-là, vieillard vénérable, tous les autres se levèrent avec respect.

Lui, sans prononcer un mot, leva ses mains et les imposa sur les hommes qui l'avaient précédé.

Ils reçurent à genoux cette bénédiction.

Ensuite, tous plièrent leurs burnous et en firent au vieillard un siége d'honneur.

Il prit place.

Dès lors, ils se tinrent debout.

Jusqu'à deux heures du matin ils ne bougèrent pas plus que des statues.

Qui les eût vus ainsi, n'ayant pour arme que des bâtons, pour bagages qu'une musette contenant quelques dattes et des galettes, n'ayant qu'une gourde pleine d'eau ; qui les eût vus muets, groupés bizarrement de façon à former un échiquier symbolique, se fût certainement dit qu'il avait en face de lui des êtres extraordinaires.

Il vint, par intervalles inégaux, d'autres Mozabites ; tous

s'agenouillaient, recevaient l'imposition des mains et prenaient rang dans l'échiquier sacré.

Enfin, ils se complétèrent à dix-sept.

Alors le vieillard se leva.

Il regarda le ciel, consulta les astres et murmura des prières dans une langue bizarre.

Tous répondirent par un mot court et bref ; l'*amen* de cette singulière religion sans doute.

Après avoir invoqué leur Dieu, ou leurs dieux, les Mozabites s'accroupirent à la mode orientale.

Ils écoutaient.

Le vieillard parla.

— Frères, dit-il, nous, mages, fils des mages antiques, nous qui devons restituer sa splendeur aux descendants de Moab, nous qui avons tenté l'œuvre régénératrice qui échoua souvent ; nous voici rassemblés encore une fois avec l'espoir de réussir.

« Les Mozabites qui ont oublié leur origine, notre peuple indifférent qui ne sait plus qu'il descend de Moab, qu'il vint au Sahara après sa défaite par les juifs, notre nation va se relever, prospérer, grandir, s'étendre sur le monde.

« Je la vois nombreuse comme les grains de sable de la mer, puissante comme jadis Ninive et Babylone.

« Frères, je la vois. »

Les Mozabites écoutaient attentifs.

Le patriarche reprit :

— Nous ne comptons que cent mille âmes, c'est peu ; mais le souffle des vieux mages nous guide ; nous sommes inspirés par lui, et nous opérerons des prodiges.

« Frères, l'or suffit pour créer une nation ; frères, le passé, le présent le prouvent.

« Ninive, Babylone, Sidon, Tyr, Alexandrie, Carthage, Rome, villes petites à l'origine, ont dominé par l'or et par le fer que l'on achète ; plus tard, il en fut ainsi de Gênes, de Venise et de Pise ; avec de l'or, on a tout.

« Flottes, soldats, commerce, ports, territoires.

« Nous commencerons l'œuvre.

« Nos fils la finiront.

« Les enfants de Moab seront les rois du monde. »

Le vieillard, ému, s'arrêta; il voyait dans l'avenir sa race s'étendant sur la terre entière.

— Je vous ai convoqués ici, dit-il; depuis huit jours nous attendions que les Français partissent.

« Ils ont souillé cette montagne sainte de leur impure présence; mais j'ai béni cette colline où mourut le chef de l'émigration mozabite, fuyant l'Orient et les juifs.

« Frères, la *Kabale* est ouverte. »

Alors une cérémonie bizarre commença.

Il se passa là une scène comme dans les loges maçonniques de l'antiquité il s'en passait; rites empreints de mystères, étranges prières, chants symboliques.

Le vieillard, quand la *Kabale* fut fermée, appela à haute voix ses disciples tour à tour.

Tous avaient eu leur mission.

L'un venait du Soudan.

— Frères, dit-il, le Père m'invite à parler.

« Je parle.

« Je viens du pays noir.

« Nos prédécesseurs ont toujours pensé que qui civiliserait et dominerait les nègres, serait à la tête d'une force immense; tous nos efforts doivent tendre à ce but.

« J'ai vu, par delà du Sahara, j'ai vu Tombouctou, la ville voilée, j'ai vu le Niger.

« J'ai vu d'immenses peuplades.

« Il est facile de les soumettre.

« Il faudrait une colonie au milieu du Soudan; on bâtirait sur quelque fleuve une ville.

« Ce serait une place de guerre et de commerce.

« De cette ville on rayonnerait autour de soi; on solderait des mercenaires qui, disciplinés, intéressés par des distributions de terre à la prospérité de la république, la serviraient et nous conquerraient les tribus avoisinantes qu'on initierait à la civilisation.

« Avec un millier de familles, les plus pauvres de nos ksours, avec mille guerriers, avec mille vierges, la colonie serait dans les plus belles conditions de prospérité.

« Cinq mille Touareggs, à notre solde, lui feraient la conquête du territoire sur les nègres.

« Les prisonniers de guerre élèveraient les murailles, que l'on garnirait d'artillerie amenée du Maroc.

« Cinq cents Touareggs conservés à notre service, notre milice et des goums de nègres, qu'on augmenterait peu à peu, assureraient la sécurité de nos colons.

« Avant vingt ans, l'œuvre sera complète.

« Voici un plan détaillé. »

Il tendit un mémoire sur parchemin.

Le vieillard le reçut.

Le mage se retira.

Un autre vint.

Il rendit compte d'une mission chez les Touareggs; il avait cinq mille hommes prêts.

Ils n'attendaient que de l'or.

D'autres vinrent successivement raconter ce qu'ils avaient fait pour la cause commune.

— Frères, dit le vieillard, le trésor enterré par le dernier patriarche qui tenta la conquête du Soudan est perdu; vous savez que Maddir, vaincu, chassé de Tombouctou, fut cerné, non loin d'un puits, avec les débris de son armée.

« Il enterra un trésor immense dans les sables; la dernière couche est faite de diamants.

« Nous aurions là de quoi solder cent mille hommes pendant dix ans.

« Maddir leva le plan du terrain, puis il se mit à la tête des siens, perça les lignes ennemies et gagna un de nos ksours; il y mourut bientôt de ses blessures.

« Son successeur eut son secret.

« Les mages n'étaient plus qu'au nombre de cinq; impossible d'enlever le trésor qui dormait bien où il était enfoui; on le laissa sous les sables du Sahara.

« L'heure d'une nouvelle tentative n'était pas encore venue; on attendit.

« Il y a une année, frères, un crime atroce, un crime infâme, fut commis par trois des nôtres.

« Notre patriarche, notre chef, fut tué par eux; il périt étranglé dans sa retraite.

« Ils lui volèrent le plan où était exposé le secret du trésor; secret connu du patriarche seul.

« Ils emportèrent ce plan.

« Depuis on ne les revit plus.

« Mais leurs traces furent suivies; on sut que deux coureurs de bois les avaient accompagnés à trois heures de marche, jusqu'à Behir; depuis là, les chasseurs les avaient précédés.

« Puis, les chasseurs étaient seuls rentrés dans Behir; ils avaient sans doute tué les trois assassins après les avoir surpris cherchant le trésor de notre association.

« Un frère fut attaché aux pas du Coupeur de Têtes; il ne se cachait pas d'avoir le secret du trésor; il est allé en France, puis il en est revenu ici.

« De nombreux épisodes ont traversé cette année de sa vie; à cette heure il va vers Laghouat.

« Il y congédiera son corps d'armée.

« Alors il formera une bande.

« Un des nôtres est coureur de bois; un des nôtres est de sa troupe; il prendra un compagnon.

« Il faut que quand le trésor sera retrouvé, il tombe entre nos mains; il est la base de notre réussite.

« Frères, j'ai dit.

« L'année n'a pas été perdue.

« Allons vers Laghouat.

« Nous nous y concerterons selon ce que fera le Coupeur de Têtes et selon les conseils de nos frères. »

Le vieillard procéda à cette cérémonie, que les anciens mages appelaient la *Kabale*, puis il congédia les siens, qui, deux à deux, prirent différentes routes pour gagner Laghouat en silence.

Ces quelques hommes, ayant leur bâton en main, leur besace à l'épaule, partaient à la conquête du monde.

La preuve de leurs projets est acquise aux autorités françaises qui veille sur les oasis mozabites.

Jusqu'ici, on est sans nouvelles de la colonie qui a émigré il y a deux ans vers le Soudan.

Réussira-t-elle?

Nous l'ignorons.

Mais il est vraiment extraordinaire que cette tribu ait conservé ces mages.

Plus extraordinaire encore que ceux-ci veulent fermement l'extension de leur nation.

On trouve dans l'histoire du nord de l'Afrique des traces incessantes de tentatives faites par ce petit peuple pour jouer un rôle prépondérant dans le Mogreb.

Les historiens arabes consignent et son héroïsme, et ses victoires, et ses défaites.

Rien ne le décourage.

Ses chefs recommencent l'œuvre brisée...

Le peuple obéit.

Du reste, on trouve chez les juifs, impuissants, dispersés, ce même rêve de domination.

Mais là, pas de succès possible.

Partant aucune tentative.

Nous allons voir à l'œuvre cette association mystérieuse.

XXIX

En ballon !

Passe-Lacet s'en allait, lui aussi, à une conquête ; mais il ne s'en doutait pas.

Quand il eut passé sur le camp saharien, il monta rapidement en l'air.

— Le Coupeur de Têtes m'a engagé à pousser le plus haut possible, se disait-il en lui-même.

« Versons de l'esprit-de-vin. »

Et il en versa.

La montgolfière prit son essor.

Bientôt, maître Passe-Lacet ressentit un grand froid ; les oreilles lui tintèrent.

— Diable, se dit-il, on grelotte.

« Serais-je trop haut ? »

Il regarda sous lui.

Au loin, faibles points, il entrevit les lumières du camp, puis il les vit disparaître peu à peu.

— Diable ! diable ! répéta-t-il.

Il s'inquiéta.

Le sang bourdonnait à ses tempes.

— Redescendons ! dit-il.

Il jeta de l'eau.

Le ballon s'abaissa.

La brise avait pris de la force ; elle poussa l'aérostat avec une rapidité de vingt lieues à l'heure.

Le vent entraînant les ballons avec lui presque aussi vite que lui, on ne le sent pas.

On marche avec lui.

C'est un fait constaté.

Maître Passe-Lacet ne s'aperçut pas qu'il voyageait beaucoup plus vite.

Le désert est trop uni pour offrir des points de repaire, surtout pendant la nuit.

Passe-Lacet avait senti la circulation se rétablir ; mais il continuait à ne pas avoir chaud.

Il était à un kilomètre en l'air.

— Hum ! fit-il.

« Quel froid !

« Mais je vais me réchauffer. »

Il mêla de l'esprit-de-vin à de l'eau, et but une fière lampée qui le remit.

— Là ! fit-il.

« Ça chauffera l'intérieur. »

Et de fait, il sentit une douce chaleur aller du ventre au cœur, du cœur à tout le corps.

Il vit dès lors les choses sous un aspect charmant.

— Ma foi, faisait-il, c'est gai, ce voyage ; je m'amuse dans l'air ; je me crois oiseau.

« On ne se fatigue pas.

« On veut monter.

« Vlan !

« De l'esprit.

« On veut descendre.

« Vlan !

« De l'eau.

« Pas plus malin que ça ! »

Et il but encore une gorgée.

Quatre heures s'écoulèrent pendant lesquelles il fit des réflexions de plus en plus drôlatiques, parce que l'alcool produisait son effet ; il arriva sur Laghouat.

— Tiens ! fit-il en voyant le ksour.

« Laghouat! »

Et il songeait à descendre.

Mais il réfléchit.

— Voilà trop peu de temps que je suis parti, se dit-il; impossible d'être arrivé déjà.

Et, comme les gens ivres, il se cramponna à son idée; si bien que Laghouat disparut sous lui pendant qu'il murmurait entre ses dents :

— J'ai trop bu.

« J'ai eu une illusion.

« Ce n'était pas Laghouat. »

Le ballon continua sa course.

Passe-Lacet cessa de boire.

— Pas de bêtises! se dit-il.

« Veillons au grain.

« Je vais voir Laghouat dans quelques heures. »

Mais point.

Le jour vint.

Le zouave vit le désert sous lui.

Une heure, deux, trois, cinq s'écoulèrent.

Pas de ville.

— C'est long! pensa-t-il.

Il déjeuna.

Passe-Lacet était un philosophe.

Quoique le ksour ne parût pas, et pour cause, il ne se désola pas du tout.

— Pardieu! dit-il, j'arriverai toujours quelque part; tout chemin mène à Rome.

« Où j'irai on m'accueillera bien.

« Je dirai que je viens du ciel. »

Vers deux heures il avait fait près de trois cents lieues; il ne s'en serait pas douté.

Il entrevit une grande tribu.

— Bah! pensa-t-il, voilà des douars.

« Stopons ici! »

Des villages on l'avait vu.

Ce fut un grand événement.

La tribu ne sut que penser.

C'était une peuplade de Trarzas, des nomades qui vivent entre le Maroc et le Sénégal.

Ils appartenaient à la race arabe.

Maître Passe-Lacet était aux zouaves depuis l'âge de dix-sept ans, il en avait vingt-huit; il avait eu le temps d'apprendre l'arabe dans ses stations au milieu des populations indigènes; il avait même eu la velléité de devenir interprète militaire.

Il avait appris la grammaire arabe.

Mais après deux ans d'études, les conditions d'examen devinrent si sévères, qu'il renonça à être reçu.

Il n'en avait pas moins beaucoup appris.

Au régiment, quand un officier ou un soldat voulait converser avec un Bedouin, il avait recours à Passe-Lacet, qui aimait à faire briller ses talents,

L'Arabe, ravi de trouver un homme qui s'exprimait dans sa langue, bavardait avec lui.

Chaque jour, le Parisien était devenu plus fort.

A cette heure, il parlait kabyle et arabe comme un indigène, mais le dialecte touaregg lui échappait à demi.

Avec les Trarzas il n'en avait pas besoin, car ils sont de pure race arabe.

Il descendit vers un douar.

On courut au-devant de lui.

— Disposons-les bien! se dit-il.

Et il leur cria :

— Salut, fils du Prophète.

« Du ciel, je descends à vous.

« J'apporte la bénédiction d'Allah.

« Attrapez les cordes. »

Des mains nerveuses se pendirent aux cordes, le ballon fut amené.

Passe-Lacet sauta à terre.

Il éteignit l'esprit.

On le regardait ébahi.

Il avait préparé son conte.

— Mes fils, dit-il, vous voyez en moi un favori de Mahomet; je vais au ciel et j'en descends.

« C'est un privilége que je dois à un service que j'ai rendu au Prophète quand il était sur terre; un jour, il allait être tué dans une bataille et je lui ai sauvé la vie.

« Depuis lors il m'a pris pour son messager. »

Les Trarzas écoutaient bouche béante.

Ils crurent tout ce qu'il plut au zouave de leur raconter; ils n'avaient jamais vu d'uniforme comme le sien; ils crurent qu'il portait le costume des Turcs.

Ils lui aidèrent à ranger son ballon convenablement, firent tout ce qu'il voulut et obéirent à la baguette.

Passe-Lacet était ravi.

Il apprit adroitement où il était, sans avoir l'air de l'ignorer; il sut que le Sénégal n'était pas très-loin; il fit projet d'y aller si le vent soufflait de ce côté.

— Quelle étape! murmurait-il.

« Quatre cents lieues!

« Enfin, j'irai au Sénégal.

« J'y raconterai mon histoire au gouverneur, et on me renverra en Algérie, voilà tout. »

Mais il était destiné à d'autres aventures.

Le zouave fut emmené par les chefs, ignorants comme des carpes, crédules au possible.

On lui faisait mille questions.

Quand il était embarrassé, il ne répondait pas, prétextant qu'il devait se taire sur ce point.

Il fit du paradis une peinture qui donnait l'envie de mourir de suite pour y aller.

On servit la diffa!

Un festin pantagruélique.

Passe-Lacet, bien accueilli, se plut dans la tribu, d'autant mieux qu'il lui advint une aventure agréable.

Un marabout vint le trouver :

— Mon père (on lui parlait ainsi), dit-il, je viens te demander de m'honorer d'un service.

— Lequel? demanda le zouave.

Le marabout hésitait.

— Viens ce soir souper sous ma tente, et là j'oserai te dire ce que j'espère de toi.

Passe-Lacet était intrigué.

Il accepta.

Vers dix heures du soir il se trouva au rendez-vous; le marabout l'attendait.

Un repas était préparé.

Passe-Lacet se dit :

— Cette vieille ganache veut m'embêter.

« Il va me parler ciel et prophète. »

Il se trompait.

Une fille magnifique, un type de toute beauté parut.

Le zouave l'admira.

Elle servit son père et son hôte sans voiles.

Le repas fini, elle se retira.

Le marabout demanda :

— Comment trouves-tu cette enfant?

— Superbe !

— Veux-tu l'épouser?

« Ce serait pour moi et pour elle un bonheur, une gloire incomparables; mon petit-fils serait grand parmi les plus grands. »

Passe-Lacet hésitait.

Il songeait qu'il lui fallait regagner la France et quitter ce douar; une fois marié, il craignait des obstacles.

Si on le retenait.....

— Mon père, dit-il, Mahomet me rappellera vers lui; il me faudra quitter ma femme.

— Combien penses-tu rester de nuits ici ?

— Sept, huit, douze peut-être.

— C'est plus qu'il n'en faut, si nous avons un peu de chance, observa le marabout.

« Le prophète, qui t'aime, bénira cette union.

« Tu penseras à revenir parfois ici dans tes courses; en descendant du ciel, tu prendras pied ici.

Passe-Lacet trouvait la jeune fille charmante, il se dit qu'il serait bien sot de refuser.

Il accepta.

Il eût bien voulu de suite célébrer le mariage, mais il n'osa en parler, vu les convenances.

Le lendemain, la noce se fit.

Et le soir en fut... charmant.

Scélérat de Passe-Lacet.

Il se frottait les mains.

— Quelle veine ! murmurait-il.

« D'abord, je suis décoré.

« Le commandant l'a promis.

« Puis, j'aurai fait un voyage d'agrément comme pas un zouave ne peut se vanter d'en avoir fait un.

« Le Coupeur de Têtes a joliment bien fait de m'envoyer par les airs embêter les Touareggs.

« On se la coule douce. »

Huit, dix, quinze jours s'écoulèrent.

Le vieux marabout était ravi.

Enfin, au bout d'un mois, Passe-Lacet, qui avait d'abord adoré sa femme, finit par l'aimer moins.

Affaire d'habitude.

Il éprouva le besoin de s'en aller.

On le retint encore huit jours.

Quand on sut sa résolution de partir, tous les gens du douar le chargèrent de commissions pour le ciel.

Celui-ci lui remit une lettre pour son père, celui-là pour un frère, l'un lui recommanda un placet pour le Prophète, l'autre se réclamait d'un marabout fameux, d'aucuns s'adressaient à Allah en personne.

Il poussa une idée heureuse à Passe-Lacet.

Il rassembla la tribu.

— Mes enfants, dit-il, je vous aime tous et vous veux du bien; je laisse ma femme parmi vous.

« Je reviendrai.

« Je me charge de vos petites affaires.

« Mais je ne suis pas maître en paradis.

« Le paradis est comme la terre.

« Il y a là-haut toutes sortes de gens autour d'Allah et du Prophète; chacun a ses fonctions.

« Ainsi, à la porte est le farouche chaouck céleste Mezzin, qui ne laisse entrer que les élus.

« Eux seuls.

« Je voudrais emmener ma femme, qui m'adore et qui veut me suivre; mais il ne la laisserait pas passer.

« Quand il verra vos lettres, il voudra les jeter dans l'espace, à moins que je ne lui offre des cadeaux.

« Il a un faible pour les bijoux.

« Donc, que ceux qui veulent que leurs missives arrivent, n'oublient pas de m'apporter des présents.

« Il en faut pour Mezzin.

« Il en faut pour le kodja (secrétaire) de Mahomet, notre saint prophète.

« Il en faut pour celui d'Allah, notre maître redoutable.

« J'attendrai sous ma tente.

« N'oubliez pas que les grands du ciel sont, comme ceux de la terre, sensibles aux riches offrandes.

« Soyez sûrs que les lettres bien recommandées par des cadeaux seront celles qui parviendront le mieux. »

Une heure après, Passe-Lacet avait plus de dix mille francs en bijoux amoncelés sur un tapis.

Il les fit mettre dans une boîte.

Le vent soufflait vers le Sénégal.

Il fit gonfler son ballon, alluma son esprit-de-vin, embrassa sa femme et son beau-père, puis il partit aux acclamations de la tribu, oubliant de dire pour quelle mission le prophète l'avait envoyé vers les Trarzas, qui ne songèrent point à cela.

En l'air, il passa ses bijoux en revue.

— Quelle jolie fortune ! pensa-t-il.

« Puis, j'ai eu du plaisir.

« Elle était gentille, ma femme ! »

Il se mit à songer :

— Pourquoi diable vais-je au Sénégal !

« Ne ferais-je pas mieux de descendre dans une autre tribu où je jouerais le même tour qu'à celle-ci.

« Je me donnerai comme un facteur céleste. »

Idée lumineuse !

Passe-Lacet la mit à exécution.

A soixante lieues des douars trarzas, il descendait sur une autre tribu et y renouvelait sa comédie.

Il eut un plein succès.

Seulement, cette fois, il annonça tout simplement que, par privilége de Mahomet, il était devenu le facteur céleste; qu'il portait les plaintes des hommes aux pieds du Prophète; il supprima la fable du chaouck et des kodjas.

Il taxa le port des lettres lui-même, selon la fortune de chacun et l'importance de la commission.

Comme son esprit-de-vin s'usait, il se servait des lettres pour chauffer son aérostat.

Il eut dans ce douar une femme des plus jolies; il la demanda hardiment à son père.

Il promit de venir la voir souvent et décampa.
— Attends-moi sous les palmiers.
Il ne pensait guère à revenir.
Passe-Lacet s'habitua à la manœuvre de son ballon; il remplaça son esprit-de-vin usé par de l'anisette de figue ou de l'eau-de-vie de dattes, abondantes au désert.
Tout marchait à souhait.
Il fit même fabriquer un autre ballon, plus grand, plus commode, tout en soie orientale.
Il établit une espèce de fourneau dans sa nacelle; il y brûlait de la paille de diss.
Il apprit à trouver de lui-même les contre-courants, à les chercher, à les pressentir.
Il put se diriger à peu près.
Il fit ainsi le tour du Sahara, qu'il traversa en tous sens, y cueillant les fleurs les plus suaves dans le jardin de l'amour, sous la forme de belles filles, y amassant une brillante fortune et y laissant... une lignée nombreuse.
Ce que cet animal-là a semé de petits zouaves dans le grand désert est inouï.
Ses descendants formeraient un régiment.
Et les veuves?
Ne voyant pas revenir le fameux facteur, il est probable qu'elles se remarièrent.
Mais n'anticipons pas.

XXX

Séparation.

Les chasseurs étaient arrivés à Laghouat; l'heure était venue pour eux de se séparer.

Le partage égal du butin était fait; chaque homme possédait une véritable fortune.

Quarante mille francs en valeurs de toutes sortes; lingots, douros, bijoux.

Le silo d'Akmet avait produit le plus clair de cette somme considérable.

Les bandes se séparèrent.

Chacune prit le chemin qu'elle voulut.

Mais comme on savait les chasseurs riches, comme on pouvait être tenté de les attaquer isolément, ils résolurent de gagner le territoire français en corps.

Là seulement ils se quitteraient.

Raoul et Nadief se décidèrent à tenter la grande expédition, but de leurs plus brillants espoirs; ils décidèrent que Jeanne et la marquise seraient conduites à Biskra et qu'elles profiteraient du départ des chasseurs pour être escortées par eux jusqu'à ce ksour, où elles résideraient.

La place était commandée par un ami de Raoul, pour lequel il donnait, bien entendu, aux jeunes femmes les plus chaudes recommandations.

En vain la marquise protesta ; en vain Jeanne se révolta-t-elle contre cette décision.

Il fallut s'y soumettre.

— Akmet est mort ! dit Raoul.

« Bou-Meddy est mort !

« Pierre est mort.

« Marie est morte.

« Seul, Billotte vit.

« Mais Billotte est à Alger ; il n'est pas à craindre, et voici une lettre d'un ami qui le surveille, et qui m'annonce qu'il vit fort tranquillement à Mustapha, où il se plaît beaucoup, paraît-il.

« L'ami dont je vous parle, vieux chasseur qui a quitté le métier, il m'est tout dévoué, ne quittera pas Billotte d'une semelle ; s'il vous menace, il le tue.

« On peut s'en fier à lui.

« Vous vivrez heureuses, tranquilles en nous attendant ; notre expédition ne durera qu'un mois.

« Vous y courriez des dangers.

« Vous nous seriez une gêne.

« Soyez raisonnables. »

La marquise insistait.

Jeanne menaçait de partir quand même.

Raoul dit :

— Je veux !...

Il fallut plier.

Jeanne bouda.

La marquise pleura.

Raoul en rit.

Il fallut se quitter.

Les adieux furent déchirants.

La marquise avait comme un pressentiment de ne plus revoir le comte ; elle le lui dit.

— Folle ! fit-il.

« J'ai eu mille pressentiments ridicules qui jamais ne se sont réalisés.

« Pars.

« Dans deux mois je t'embrasserai.

« J'organiserai alors une véritable armée et je t'emmènerai, cette fois, partout.

— Hélas, Raoul, peut-être ne t'embrasserai-je plus jamais; c'est un adieu éternel.

Pour brusquer la séparation, les deux chasseurs, dont l'intention était de faire une étape en escortant les deux jeunes femmes, se séparèrent d'elles à la première halte.

Ils revinrent sur leurs pas.

Nadief était attristé.

— Eh! lui dit Raoul, te voilà sombre, ami.

« Des rêveries de femme peuvent-elles donc t'influencer ainsi? toi, un cœur si ferme !

— Mon cher, répondit Nadief, nous aimons tous deux; mais moi je n'ai pas encore possédé ma femme; toi, tu as aimé e tu peux mourir!

— Mourir!

« Qui nous menace?

« Nos ennemis sont dans la tombe.

« Après l'exemple que nous venons de donner, qui donc oserait s'attaquer à nous ? »

— L'expédition a toutes les chances de succès, c'est vrai! dit Nadief en souriant.

« Je suis un sot.

« Mais les femmes vous envahissent le cœur. »

Il reprit sa gaieté.

Raoul avait conservé sa bande : une vingtaine d'hommes éprouvés, résolus, dévoués.

Dévoués tous, sauf le Mozabite.

Il avait joué la fidélité, l'amitié pour Raoul, avec une hypocrisie si parfaite que le comte s'y était trompé; Nadief lui-même s'y était pris.

On eût compté sur celui-là plus que sur un autre; on lui eût, au besoin, confié un secret.

Chacun de ces vingt hommes eut à choisir un compagnon sous sa propre responsabilité.

Le Mozabite eut un complice.

A Laghouat, Raoul, depuis six mois, avait réuni un matériel; il avait laissé à Alger et en France des ordres pour que l'on fît parvenir, coûte que coûte, un certain nombre d'objets dans ce ksour d'où il devait partir.

Il y avait tout trouvé en ordre.

L'agha avait pris soin du matériel.

Raoul assembla un soir ses compagnons.

Après un banquet, il leur dit :

— Camarades, nous allons partir.

« Je vous ai promis que nul ne nous suivrait et ne surprendrait nos secrets.

« C'est que nous suivre est impossible; vous allez en juger vous-mêmes.

« Il est des routes impraticables au Sahara; des routes sans eau; on n'y trouve pas un puits.

« Une caravane emportera huit jours d'eau, quinze jours même; mais pas davantage.

« Vous savez que les outres les plus fortes se vident en quinze jours sous le soleil.

« Nous serons un mois en route. »

Les chasseurs demandèrent :

— Comment boirons-nous?

— Je vais vous le dire.

« Mais songez encore que sans eau pas de pâturages; les chameaux ne pourront pas emporter plus de quinze jours de fourrages; donc, encore pour cela, on ne peut nous espionner.

— Et comment mangeront nos bêtes?

— Vous allez le savoir.

« Sur notre itinéraire il n'y a ni ksour, ni oasis, ni rien qui puisse servir à un ravitaillement.

« La faim, la soif tueraient qui tenterait ce trajet sans être muni d'un appareil que voici :

Raoul montra un corps de pompe.

— Camarades, dit-il, je suis convaincu que, faute d'argent, mille inventions merveilleuses se perdent; chaque jour on découvre que la découverte récente date de loin; qu'un homme inconnu l'avait faite avant l'époque où un autre chercheur, plus heureux, l'a imposée à la routine aveugle.

« Je suis allé aux bureaux des brevets d'invention, une salle où s'entassent les dessins de milliers d'appareils; j'étais sûr, pour mes futurs projets, d'y rencontrer des enseignements précieux, et je n'y ai pas perdu mon temps, je vous le jure.

« J'ai vu là de merveilleux fusils.

« J'y ai vu des canons mitrailleurs.

« J'y ai vu des choses étonnantes.

« Et tout ça dort dans des cartons.

« Entre autres appareils, j'ai remarqué cette pompe (1), qui se compose de tubes perceurs.

« Avec eux, dans un sol comme le sable du Sahara, on peut forer une pompe en une heure, une pompe donnant à la minute deux cents litres d'eau! »

Les chasseurs poussèrent un cri d'ébahissement.

— Oui, deux cents litres !

« Un cheval ou un mulet suffit pour faire fonctionner le piston de cette pompe et pour faire agir les tubes qui forent le sol; c'est simple comme toute belle invention.

« Un chameau porte le matériel.

« Vous voyez, camarades, que nous aurons l'eau à volonté, car nulle part, au Sahara, elle n'est plus basse que vingt mètres; encore est-ce là l'exception assez rare. »

Les chasseurs s'enthousiasmaient.

Raoul reprit :

— Vous n'ignorez pas que la fécondité du sol est extraordinaire au désert; que le sable n'y est pas un calcaire sec et infertile, mais une poussière d'humus salé et puissant.

« Vous avez tous vu, en une nuit de pluie, la surface aride du sol se changer en plaine fertile.

« L'herbe y croit si rapidement que les autruches, poussées par leur instinct, sentant de loin les brises fraîches, franchissent vingt lieues qui les séparent des points où il vient de pleuvoir, et dix heures après que l'eau a tombé, trouvent des pâtures.

— C'est vrai ! firent les auditeurs.

Raoul continua :

— Nous enverrons en avant cinq hommes montés sur des mahara ; ils feront des traites considérables ; ils emporteront la pompe avec eux, chaque mahari surchargé d'une de ses

---

(1) On sait qu'à cette heure, la pompe instantanée a fonctionné admirablement sous les yeux de l'Empereur a Fontainebleau, et qu'elle doit rendre d'incalculables services.

pièces, deux suivant en laisse pour soulager les autres; ils nous précéderont de trois jours.

« Nous suivrons avec le convoi portant les vivres de réserve, les cacolets, les embarras.

« Nos cinq camarades n'auront rien à craindre; nul ne fréquente la route où nous nous engageons.

« On y mourrait.

« Ils installeront la pompe, la feront fonctionner, inonderont un vaste espace et nous attendront.

« Nous, ayant quatre jours d'eau, en quittant Laghouat, et autant de fourrage, encombrés par le convoi, nous ferons dix lieues à la journée, et nous mettrons quatre jours à atteindre la première station.

« Trois d'avance, quatre de retard, puisque nous ne faisons que dix lieues, et les autres quarante sur leurs coureurs, font sept; l'herbe aura eu sept jours pour grandir.

« Jugez si elle sera drue.

« On la coupera à foison.

« Notre avant-garde, à notre arrivée, démontera la pompe après qu'on aura rempli les outres.

« Elle filera à quarante lieues plus loin avec ses mahara reposés et bien repus.

« En douze heures, ils auront fait encore quarante autres lieues, et auront trois jours pour nous préparer une prairie; leurs bêtes, le lendemain de l'installation, pourront paître; et un mahari reste, vous le savez, jusqu'à cinq jours sans boire.

« Ils n'auront donc pas à souffrir.

« Nous atteindrons cette autre station.

« Et, d'étapes en étapes, nous franchirons la distance qui nous sépare du trésor enfoui.

« Derrière nous, plus d'eau.

« Partant, plus rien.

« L'herbe se séchera aussi vite qu'elle aura surgi du sol; le désert redeviendra le désert. »

Il y eut parmi les chasseurs une explosion de joie quand Raoul termina ces explications.

Il voulut leur prouver ses dires.

La pompe fut installée.

Un mulet fit marcher les tubes perceurs; le puits fut creusé, les tuyaux furent ajustés.

Le mulet fit fonctionner le piston, et il jaillit à flots un jet énorme d'eau excellente.

Le sol n'est salé qu'à la surface.

Les chasseurs étaient ravis.

Nul ne douta du succès.

Raoul fit démonter la pompe et en expliqua minutieusement la manœuvre à quatre hommes que devait commander Nadief.

Il exposa ensuite ses conditions.

— Moi et Nadief, dit-il, nous avons le secret ; nous en sommes maîtres, et voici ce que nous vous offrons :

« Vous êtes quarante, par groupe de deux.

« Les nouveaux engagés recevront ce que le chasseur qui les a embauchés avec lui leur donnera.

« Ceci vous regarde.

« Nous sommes convenus pour chaque groupe de cinquante mille francs, ce qui fait deux millions à prélever sur le total qui est de plusieurs milliards, peut-être.

« A coup sûr il y a cent millions.

« Vous trouverez votre part faible.

« Mais nous avons un plan immense.

« Chacun peut s'y associer.

« Il s'agit de la conquête du Soudan.

« Ceux qui nous suivront auront un beau commandement et seront à même de devenir gouverneurs de provinces fabuleusement riches, et de se monter les harems les plus riches, de se construire des palais féériques, des résidences princières.

« Vous savez tous ce que je veux.

« Mon espoir n'est point un rêve. »

Tous les chasseurs offrirent à Raoul d'abandonner la somme promise à condition de le suivre.

Il refusa.

— Je puis prélever ce gain pour vous, dit-il.

« Et vous le mettrez en sûreté.

« Ceci et ce que vous possédez déjà fera un capital que, quoi qu'il arrive, vous posséderez toujours.

« Et maintenant, compagnons, bonsoir. »

Raoul et Nadief quittèrent les chasseurs, éblouis par les propositions qu'il avait fait luire à leurs yeux.

L'avant-garde devait partir le lendemain.

Tout était prêt.

Sauf les quatre hommes désignés pour ce premier départ, tous les autres se répandirent dans le ksour; les gaillards savaient où trouver des jolies femmes et du bon vin.

Ils avaient envoyé des coureurs sur des mahara vers les redoutes françaises, avec ordre de ramener des outres remplies de vin et de liqueurs de toutes sortes.

Les coureurs étaient revenus.

Il y eut une orgie à faire dresser les cheveux sur la tête à un petit crevé parisien...

Les Mozabites y prirent part.

Mais quand tous les autres furent ivres, ils s'en séparèrent et gagnèrent une maison du ksour.

Les mages assemblés les y attendaient.

Ils leur racontèrent ce qu'ils savaient.

Le patriarche crut à l'impossibilité de suivre la colonne; il fallut changer de plan.

— Nous avons trois jours pour réfléchir, dit-il; cherchons tous, peut-être trouverons-nous.

— Quand nous devrions à nous deux exterminer les chasseurs! dirent les deux coureurs de bois mozabites, nous ne leur laisserons pas emporter ce trésor qui est notre bien.

Trois jours plus tard, la veille du départ du gros de la caravane, les Mozabites s'assemblèrent.

Selon leur rite ils firent une kabale.

Puis le patriarche questionna :

— Avez-vous trouvé ?

— Oui, dit l'un.

« Je propose d'empoisonner la bande.

« Nos frères se feront les cuisiniers de la troupe; c'est une fonction qui répugne.

« On la leur abandonnera.

« Ils se débarrasseront facilement de tous nos ennemis avec quelques gouttes de poison.

— L'idée est bonne ! dit le patriarche.

Les deux chasseurs observèrent.

— Vous oubliez que la caravane a une avant-garde; empoisonner le convoi, c'est facile.

« Mais après ?

— L'avant-garde restera ! fit le patriarche.
— Non ! dit un frère.

« On ne donnera le poison que sur le lieu même où le trésor est enfoui ; les deux troupes s'y trouveront réunies pendant plusieurs jours, pour faire le chargement des lingots.

— C'est vrai.
— La pompe sera installée là !
— C'est encore vrai.
— Nos frères en profiteront.

« L'un d'eux, sur un mahari, viendra nous prévenir ; nous nous tiendrons dans un ksour voisin de ce puits abandonné, non loin duquel les frères qui nous avaient trahis ont dû être assassinés.

« L'empoisonnement ayant réussi, nous serons appelés par un des frères qui l'auront exécuté.

« Nous accourrons.

« Le ksour est certainement près de ce puits.

« Celui qui restera près du trésor entretiendra la pompe et la verdure ; nous trouverons le convoi en bon état.

« Ainsi, nos ennemis auront tout préparé pour notre propre succès ; frères, qu'en pensez-vous ?

Toute l'assemblée approuva ce plan.

— Et le poison ? demandèrent les coureurs de bois.

« Il faudrait qu'il fût insapide.

« Si les chasseurs sentent quelque goût étrange, ils se défieront de nous ; le coup manquera. »

Le patriarche, très-versé dans la botanique, telle qu'on la pratiquait autrefois, prit la parole :

— Frères ; nos ancêtres, dit-il, nous ont légué des secrets précieux ; les poisons ne manquent pas.

« Il en est un qui, à petite dose, produit la plus bizarre maladie : la catalepsie.

« Il suspend la vie.

« On peut enterrer un homme qui en a bu ; il restera, selon la dose, un mois, deux mois sous terre.

« Il ira jusqu'à six mois.

« Qu'on le retire !

« Il respire et revit.

« Frères, aux Indes, des brahmanes ont comme nous ce secret ; ils ont souvent étonné les Anglais.

« Ils se font enterrer.

« On clôt le sépulcre.

« Après plusieurs semaines, on l'ouvre.

« Le brahme se réveille (1).

« Je vous donnerai ce poison de préférence à tout autre, parce que à haute dose il tue et parce qu'il est sans odeur, sans couleur, sans goût d'aucune sorte.

« On dirait de l'eau.

« Pour tuer tout le convoi, il faut en répandre un flacon dans une marmite de café.

« Vous recevrez ce flacon, ce soir.

— Le trésor est à nous ! s'écrièrent les Mozabites.

— Oui ! dit le patriarche.

Et ils se séparèrent.

Le même soir les Mozabites recevaient le poison; le lendemain le convoi partait gaiement.

---

(1) Le *Times* de Calcutta a rapporté maintes fois des expériences tentées par les médecins anglais sur des fakirs qui se faisaient ensevelir dans des cercueils.

On les mettait dans une fosse.

Celle-ci était bouchée.

Des sentinelles veillaient, sous l'œil même des docteurs qui se relayaient tour à tour.

Après un mois (dernière expérience), le fakir était délivré, et, comme Lazare, ressuscité.

XXXI

Deux volontés de femme.

Les convois de Raoul et de Nadief étaient en marche ; les chasseurs, qu'ils avaient conduits à la victoire, rentraient vers le territoire français, emmenant avec eux la marquise et Jeanne de Lavery.

Les deux jeunes femmes étaient plus froissées qu'on ne saurait le dire de l'abandon prudent où leurs maris les avaient laissées.

Nous disons maris.

Nadief n'avait épousé Jeanne qu'à demi ; une bénédiction de prêtre les avait unis.

Raoul, lui, n'avait épousé Marie ni devant le prêtre, ni devant la loi.

Mais nous maintenons le mot maris, malgré ce qu'au point de vue social et religieux les deux unions pouvaient avoir d'incomplet.

Le soir même de l'arrivée au premier bivac, les deux jeunes femmes se trouvaient seules sous leur tente et purent causer sans témoin.

Toutes deux étaient tristes.

La marquise se montrait inquiète et résignée, Jeanne semblait froissée, mais pas inquiète.

Elle avait pris au camp des allures farouches, mais toujours gracieuses.

Elle avait un air sauvage et charmant à la fois de gazelle en liberté.

Elle était devenue une vraie chasseresse, hardie, intrépide, adroite.

Rien ne l'arrêtait.

Il fallait voir la façon mâle et fière dont elle maniait son fusil.

Elle disait avec une intonation de voix triomphante :

— Moi ! j'ai tué mon lion !

La marquise s'était prise d'une sororelle tendresse pour elle.

Elles dînaient toutes deux.

La marquise, gênée, faute de table et de chaise, Jeanne, accroupie à la turque, à l'aise et piquant crânement les plats de son grand couteau de chasse ; elle dédaignait la fourchette.

Marie la regardait avec envie.

Deux grosses larmes sillonnaient ses joues.

— Tiens ! fit Jeanne.

Elle tutoyait la jeune femme.

— Tu pleures donc, toi !

— Oui, dit la marquise avec un soupir.

« Je pense à lui. »

Jeanne haussa les épaules.

— Pleurer ! s'écria-t-elle.

« On ne pleure pas. »

Puis se reprenant :

— Si ! s'écria-t-elle.

« On pleure... mais de rage. »

Et avec dédain :

— Vois-tu, Marie, tu n'es qu'une femme ; à la place de Raoul, je ne t'aimerais pas.

— Vous êtes cruelle, Jeanne.

— Tu es trop molle !

« Je te porte à la fois de la haine et de l'affection ; je voudrais te voir forte et t'estimer.

14.

« Mais tu es vraiment aussi craintive qu'une biche qui fuit au moindre bruit.

« Fais comme moi.

— Je n'ai pas si peur que vous le supposez, ma chère Jeanne ; j'ai tué plusieurs hommes.

« Mais quand il s'agit de Raoul absent, mon cœur perd toute son énergie.

« J'aime trop.

« Voilà le secret de mes pleurs.

« Pourtant s'il fallait se battre, vous me verriez courageuse. »

Jeanne écoutait étonnée.

— Ah ! tu as pris plusieurs sangs ! fit-elle.

(Prendre un sang, c'est tuer quelqu'un.)

« Raoul ne me l'avait pas dit. »

Elle réfléchit.

— A quoi songez-vous ? demanda la marquise.

Jeanne brusquement :

— Tutoie-moi.

« Je n'aime pas ce *vous* que tu emploies ; vous ! c'est bête, c'est cérémonieux.

« Entre chasseurs, on se tutoie.

« Tu dois devenir chasseur. »

La marquise sourit.

— Je te dirai *tu*, fit-elle.

Jeanne, avec une moue mutine :

— Après tout, si cela te... contrarie, dis : vous ! Il ne faut pas forcer les amitiés.

« Toute pleureuse que tu sois, j'ai la bêtise d'avoir de la tendresse pour toi.

« Ce n'est pas une raison pour que tu me payes de retour.

— Folle ! dit Marie.

« Nous sommes sœurs !

— Bien !

« C'est dit.

« Nous voilà de vraies amies.

« Ecoute. »

La marquise prêta l'oreille.

— Ma petite ! fit Jeanne avec aplomb, il ne dépend que de toi de ne pas quitter ton Raoul qui voyage sans toi.

— Que faire pour cela ?
— Me suivre.
— Où !
— A sa suite.
— Il sera exaspéré.
— Tant pis.
— Il ne m'aimera plus.
— Que tu es sotte !
« Est-ce qu'on peut ne plus aimer ?
« Vois, Nadief.
« Il m'aime.
« Je lui ai désobéi ; je lui ai commandé des choses désagréables, je l'ai tourmenté, il n'a pas cessé de m'adorer et si je voulais... »
Elle se reprit :
— Si je pouvais ! fit-elle.
Sa voix s'altéra, son œil flamba, son visage se contracta ; mais elle étouffa un souvenir importun et continua avec calme :
— Tu me suivras.
« Nous traverserons le désert avec de bons maharas et nous rejoindrons Raoul.
— Nous nous perdrons.
— Allons donc !
« Et les pistes !
— Tu t'y connais donc ?
— Comme un vieux chasseur.
« Du reste, j'ai l'un des chiens de Nadief qui nous mènera sûrement.
— Et vivre !
— Tu ne sais donc rien !
« Raoul ne t'a donc pas conté ce qu'il devait faire et comment il voyagerait ?
« Moi, je connais son plan.
— Par lui !
— Par Nadief.
« Quand je veux que le prince me raconte quelque chose, je le câline.
« Il ne résiste pas.

« Je suis allée m'asseoir sur ses genoux, je lui ai mis mon bras au cou, je l'ai embrassé; il est devenu tout pâle...

« Quand il pâlit ainsi, il est à moi; j'en ferais ce que je voudrais.

« Alors il m'a confié le projet de Raoul.

« Mon idée était déjà de suivre le convoi, prévoyant qu'on m'écarterait.

« Ils auront des oasis préparées à chaque étape par une pompe.

« En venant un jour après eux nous profiterons de l'eau et de l'herbe.

« L'herbe ne sera pas encore séchée, le sable n'aura pas bu toute l'eau.

« Nous les laisserons s'engager dans le Sahara et nous les joindrons.

« Il sera trop tard pour nous chasser.

— Tu as raison! dit la marquise.

« Pourtant... deux femmes... seules...

— Nous ne serons pas seules.

— Qui sera avec nous?

— Deux bons compagnons!

— Lesquels?

— Nos fusils.

« Ah! ma chère, qu'on est forte avec une bonne arme en mains.

« Mais tu le sais, puisque tu as pris plusieurs sangs.

« Nous partons cette nuit.

— Déjà!

— Il n'y a pas de temps à perdre.

« Prépare les paquets; je vais tout disposer pour la fuite.

— Les coureurs de bois s'opposeront à notre départ, sois en sûre.

— Parbleu!

« Je m'y attends.

« On les trompera. »

Jeanne sortit.

Elle ne revint que vers huit heures du soir, portant un assez lourd paquet.

Elle le déballa.

— Voilà! dit-elle, deux déguisements.

C'étaient des burnous, des haïques, deux costumes arabes complets.

Elle s'habilla et habilla la marquise qui fut vêtue plus modestement qu'elle.

— Je suis le maître ! dit-elle.

« Tu es l'écuyer.

« Tu n'auras pas à parler.

« L'écuyer arabe ne parle pas devant son seigneur sans être interpellé. »

Jeanne, déguisée, se grima.

Elle avait une grande barbe blanche fausse, qu'elle s'ajusta.

La marquise se mit à rire.

Rien de plus drôle que son minois chiffonné sous ce poil blanc.

Mais elle se fit des cils et des sourcils grisonnants, avec du suc d'aloës, puis elle se dessina des rides, avec une préparation au kokeul.

— Vois-tu, dit-elle, nous avons des chasseurs qui savent quels liquides vous changent l'aspect de la peau et du visage.

« Je suis allée en trouver un.

« Je lui ai confié mon idée, qu'il approuve ; car ce chasseur est une femme, ceci est un secret entre nous ; nul ne le sait que toi, lui et moi ; tous les autres l'ignorent.

« L'histoire de cette femme est bien amusante ; je te la conterai.

« Ici il se passe un drame et une comédie tous les soirs.

« Mais passons.

« Donc *elle* ou *il* m'a donné de quoi me grimer et je le suis.

« Regarde. »

Jeanne avait débité son histoire devant un miroir ; elle se retourna.

La marquise fut toute surprise ; son amie n'était pas reconnaissable.

Jeanne bistra le teint de Marie, et toutes deux furent ainsi transformées en cavaliers arabes.

— Je parlerai, moi ! dit Jeanne.

— Le son de ta voix te trahira !

— Point du tout.

« Ecoute : »

Elle imita l'accent nazillard des vieux ullemahs des mosquées.

Marie ne put garder son sérieux.

— Ah ! mais, il faudra te garder de rire ! fit Jeanne, songes-y !

« Et maintenant, partons !... »

XXXII

Le poison.

Le voyage de Raoul et des siens était trop bien combiné pour ne pas réussir pleinement.

Le soir du dix-huitième jour, on arrivait au puits près duquel dormait le trésor.

Nadief et son détachement y avaient précédé le gros du convoi depuis trois jours.

La pompe, fonctionnant admirablement, avait inondé le sol; l'herbe était drue, tendre, verdoyante ; la fraîcheur de l'air, les senteurs de la prairie improvisée, le murmure du ruisseau si nouvellement créé, causaient de délicieuses sensations aux voyageurs.

Le camp fut dressé rapidement.

Chacun vaqua à sa besogne.

Par un effort de volonté inouï, pas un chasseur nouveau venu ne questionna Nadief sur le trésor.

Ces hommes avaient tous un tel sentiment de leur dignité, qu'ils eussent rougi de paraître empressés.

Il y en avait un, pourtant, un seul, qui grillait d'impatience, qui voulait parler.

C'était Ali-Baba, dit *les Quarante-Voleurs*.

Il s'en alla vers Nadief et le salua :
— Bonjour, prince !
— Bonsoir, maître Ali-Baba.
Et le prince sourit d'un air affable.

Le vieux garde, accoutumé aux bourrades, s'encouragea de cet accueil inaccoutumé :
— Prince !... dit-il.

Nadief l'interrompit.
— Mon garçon, tu m'ennuies fort en me donnant mon titre ; tes allures sentent encore la domesticité.

« Que tu ne me tutoies pas, puisque tu n'as pas tué ton lion, c'est trop juste.

« Mais tu m'appelleras Nadief tout court si tu tiens à me faire plaisir ; tu entends ?

— Oui, prin..., oui, mon cher Nadief.
— Un instant.

« Cher est de trop.

« J'ai dit Nadief tout court. »

Le garde se mordit les lèvres.

Mais la curiosité le talonnait ; ce n'était pas l'heure de se formaliser, ce qui, du reste, ne lui avait jamais réussi avec ses compagnons, lesquels le rudoyaient souvent.

Il prit un air aimable :
— Nadief, dit-il, j'ai une faiblesse ; vous avez toujours été bon pour moi, vous !

« Si j'osais, je vous demanderais comme une faveur insigne de me faire une confidence.

— Tiens, tiens, tiens.

« Une confidence sur quoi ?
— Sur le trésor !

Et, le grand mot lâché, maître Antoine attendit tout frémissant ; il sentait bien qu'il venait d'avoir une grande audace et que le prince se fâcherait peut-être.

Mais point.

Nadief fit d'un air bonhomme :
— Que ne sais-tu sur le trésor ?

« Tu es aussi instruit que nous tous.
— Excusez, Nadief.

« Vous êtes ici depuis trois jours.
— Eh bien !

« Après...

— Après, Nadief ?

« Pouvez-vous faire une pareille question.

« Vous vous jouez de moi !

— Tu deviens fou, maître Antoine.

« En quoi ma présence ici depuis plusieurs jours me ferait-elle plus instruit que toi sur le trésor ?

— Dame ! vous savez si on nous l'a volé !

— Je l'ignore comme toi.

— Vous voulez rire !

— Pas du tout.

« Je n'ai pas remué une pelletée de sable.

Ali-Baba ouvrait des yeux énormes.

— Pour être un homme, maître Ali-Baba, pour être un chasseur, il faut savoir se dominer.

« La curiosité peut faire manquer les plus beaux coups ; nous devons être stoïques, nous autres.

« Or, chercher le trésor avant votre arrivée ne m'eût avancé en rien, n'est-ce pas ?

— Que dites-vous !

« Vous auriez été tranquillisé.

— Pour être tranquillisé, il faut être inquiet, et je ne le suis point, mon pauvre Ali-Baba.

— Enfin, on pouvait voler le trésor.

— Certainement.

« S'il est volé, qu'est-ce que cela me fait. »

Antoine bondit.

— Des millions ! s'écria-t-il.

« On vous volerait des millions et ça ne vous ferait rien !

« Allons donc !

— Mon ami, un homme qui ne perd pas une fortune avec indifférence n'est pas digne de la gagner.

« Si le trésor est là, nous ferons de grandes choses avec de grands moyens.

« S'il n'est plus là, nous ferons d'aussi grandes choses avec de petits moyens.

« Ce serait plus amusant. »

Et après cette leçon, Nadief ajouta :

— Je vous porte un vif intérêt, maître Ali-Baba ; aussi vais-je vous en donner la preuve.

— Vous m'honorez, Nadief.

— Vous allez prendre de l'eau dans votre gourde, du biscuit dans votre bissac et votre fusil.

— Oui, prince.

— Vous marcherez jusqu'à ce que vous ayez perdu de vue le camp depuis un quart d'heure.

La figure de maître Antoine s'allongea.

— Et puis ? fit-il.

— Vous resterez alors en place.

— Pourquoi?

— Pour apprendre à attendre.

— Non...

— Assez, drôle.

« Tu répliques, je crois.

— Un seul mot, pr...., non, Nadief.

« Quand faudra-t-il revenir ?

— Quand je t'enverrai chercher.

« Si tu fais un pas vers le camp avant que je n'aie relevé ta faction, tu es mort.

« Va ! »

Ali-Baba rajusta son chapeau gigantesque, tourna les talons, et, honteux comme un blaireau, partit du camp.

Il se faisait à part lui les plus tristes réflexions sur son sort, et il maudissait Nadief.

Mais il n'y avait pas à rire.

Nadief ne plaisantait pas.

Les chasseurs accompagnèrent de longs éclats de rire le départ du pauvre père Antoine.

Il était loin déjà que les bruyantes exclamations de ses camarades arrivaient encore à lui.

Pendant que cette exécution avait lieu, deux coureurs de bois causaient à part.

Ils étaient tranquillement assis près d'un feu; ils préparaient le café de la caravane.

C'étaient les Mozabites.

— Ce sera sans doute pour ce soir, dit l'un; tiens-toi prêt à leur donner le poison.

La voix passait, légère comme un souffle, entre les lèvres de celui qui venait de parler.

Les Arabes ont coutume de chanter entre leurs dents des mélopées nationales.

En ce cas, ils paraissent mastiquer quelque chose, car on n'entend rien sortir de leur gosier, à moins d'être à deux pas d'eux ; or, les chasseurs s'occupaient tous d'Ali-Baba.

Du reste, qui s'en fût défié et les eût observés n'eût pas douté qu'ils ne psalmodiaient quelque rengaine orientale.

— Une chose est gênante ! dit l'autre Mozabite.
— Le départ d'Ali-Baba ?
— Oui.
— Qu'importe !
— Faisons le coup.

« Quand les autres seront morts, j'irai tuer cet imbécile d'Ali-Baba ; ce ne sera pas difficile.

— Bien.

Et ils continuèrent à piler les grains de moka, entonnant la complainte sainte de la prise d'Alger.

On s'assembla pour le repas du soir.

L'un des Mozabites demeura près du feu, surveillant l'ébullition de la marmite au café.

L'autre prit place au cercle.

A la fin du repas, Nadief prit la parole.

— Mes camarades, dit-il, nous voici au terme du voyage ; Vénus va paraître dans une demi-heure ; il sera temps de chercher le trésor et de savoir s'il est là.

« En marchant, du puits, cent pas vers l'étoile du soir, on est au-dessus de lui.

« Je bois à sa découverte ! »

Tous les chasseurs se levèrent.

Il y eut un moment d'émotion profonde.

— Au trésor ! dirent gravement tous ces hommes intrépides ; et à la conquête du Soudan !

On vida les gourdes.

Le Mozabite se détacha du cercle.

— Prenons le café, dit-il en se levant ; nous avons le temps de l'avaler et de humer une *aipsi* (pipe) avant que l'étoile du berger paraisse.

Et il vint à son compagnon :

— Je sais ! fit-il.

« Empoisonne-les !... »

Et l'autre versa le contenu de la fiole donnée par le vieux nègre dans le café fumant.

Les deux complices échangèrent un sourire sardonique ; ils tenaient dans leurs mains la vie de tous ces hommes, et ils allaient les plonger dans l'éternel sommeil.

Rien de calme au monde comme toutes les races algériennes devant le crime.

Il semble que la conscience soit inconnue de tous ces peuples, qu'ils soient juifs, musulmans ou païens (il en est plus d'un); on a vu dans les famines des scènes d'anthropophagie épouvantables, et ce, depuis peu.

Ces deux Mozabites allaient froidement présenter à leurs compagnons un breuvage mortel.

Et leur main ne tremblait pas.

Et leur cœur battait tranquille.

Et leur visage était impassible.

Il est vrai que, découverts, ils auraient reçu la mort aussi froidement qu'ils allaient la donner.

Ils apportèrent tous deux la marmite bouillante, fumante et odorante au milieu du cercle.

Chacun y puisa.

Les Mozabites suivaient du regard les mouvements de tous ; ils avaient, eux aussi, rempli leurs coupes en écailles de tortue ; mais ils se gardaient d'y toucher ; l'un arrangeait sa guêtre qu'il venait adroitement de délasser ; il jurait de la trouver en mauvais état.

L'autre bourrait sa pipe.

De temps à autre, il faisait mine d'avaler une gorgée de café, puis il reposait sa coupe à terre.

Déjà plusieurs chasseurs avaient bu.

D'autres allaient boire.

Raoul tenait sa coupe en main...

Nadief prenait la sienne...

Ni eux, ni personne ne soupçonnait la trahison ; tout le convoi était condamné à mort par la fatalité.

XXXIII

D'une femme qui avait des caprices.

Jeanne et la marquise sortirent du camp à la nuit; on ne les remarqua pas; beaucoup de Laghaoutais avaient profité du départ des chasseurs pour voyager avec eux.

Elles trouvèrent hors du camp, à un kilomètre environ, trois mahara tenus en bride par un chasseur.

— Voilà Pedro ! dit Jeanne.

« Il ou *elle*, comme tu voudras, a poussé la complaisance jusqu'à nous préparer des mahara.

« Mais j'en vois trois.

« Holà Pedro !

— Eh ip ! fit le faux chasseur.

— Ici !

— Me voilà.

— Je te vois bien.

« Mais pourquoi trois chameaux ?

— Il y en a un pour moi.

— Et où vas-tu ?

— Avec vous.

— Tu nous aimes donc bien, que tu te dévoues à nous suivre ? demanda Jeanne surprise.

— Ce n'est pas pour vous autres, fit Pedro, que j'entreprends ce voyage; j'ai une idée à exécuter.

« Mais, en route !

« Je vais vous conter cela en marchant. »

Les trois jeunes femmes (Pedro ou Pedrina, comme on voudra, n'avait pas vingt ans) montèrent en selle.

A peine fut-on en route que Jeanne, impatiente, demanda à Pedrina :

— Et ton histoire ?

— Es-tu pressée !

« Laisse-moi le temps d'allumer un cigare. »

La marquise regardait curieusement la jeune femme.

— Tu m'examines, eh ! petite, fit Pedrina d'un air dégagé ; tu me trouves l'air hardi.

« Je te parais un homme.

« Vois ceci ! »

Elle entr'ouvrit un gilet et lui montra une gorge charmante comprimée dans un corset.

— Vous voilà bien sûres, mes mignonnes, fit Pedrina, que je suis une vraie femme.

« Causons.

« Vous souhaitez savoir mon secret.

« Le voici :

« Je suis Espagnole.

« J'étais au couvent.

« J'en ai fui.

« J'ai eu un amant.

« Pour moi, il a tué un homme.

« En Espagne, on est en pays mi-sauvage, mi-civilisé ; on vous y condamne les gens qui ont commis un meurtre à quelques années de *presides* (bagne sur les côtes d'Afrique).

« En France, on les décapite.

« En Angleterre, on les pend.

« A Madrid, on est plus indulgent pour qui verse du sang humain en un moment de colère.

« J'ai suivi mon amant à Ceuta.

« J'ai vécu près de lui.

— Comment ! fit la marquise.

« Au bagne...

— Per Dio !

« Tu sembles avoir peur de moi depuis que je t'ai avoué que j'étais un ex-forçat par amour.

« Ah ! chère marquise, que tu es délicate.

— Détrompez-vous, Pedrinette.

« Je crois que l'amour excuse tout.

— A la bonne heure !

« Mais comment avez-vous pénétré dans les *presides* ?

— J'ai tué un des témoins qui avait fait condamner mon amant; c'était bien simple.

« Je me suis déguisée en homme pour faire le coup; j'ai paru en homme devant les juges.

« On m'a condamnée.

— Tu as eu un dévouement admirable.

— J'en ai été bien récompensée.

« Mon amant et moi nous nous sommes évadés; nous avons gagné le territoire marocain.

« De là la frontière française.

« Sais-tu ce que fit mon amant à Nemours ?

— Il t'abandonna.

— Non.

« Il me vendit.

« Cet homme m'avait adorée.

« Six mois de possession l'avaient rassasié de moi; il me cédait à un intendant militaire.

— Que fis-tu ?

— Je pris le marché pour moi.

« Je cassai le sien.

« Je le refis plus avantageux.

« L'intendant était fou de moi.

« Je ne l'aimais point.

« Un magnifique zouave me séduisit.

« Il m'aima un mois.

— Et tu l'aimas ?...

— Quinze jours de plus.

« Et avec conviction.

« Vois-tu, marquise, à part certaines natures, nous ne sommes pas faites pour l'amour éternel.

« On voit un beau garçon, on l'aime.

« On se donne à lui et on vide en une nuit la coupe de la volupté, puis on passe à un autre.

« Le caprice, le caprice tantôt ardent, tantôt folâtre, tantôt léger, tantôt passionné, parfois violent, toujours plein de charme, le caprice, ma chère, voilà le bonheur.

« Et j'en use !

« Et j'en abuse!

— Je ne partage pas vos idées sur le caprice, dit la marquise en riant; je suis fidèle, moi.

— Je sais, je sais, fit Pedrina.

« Mais aussi tu as en Raoul un homme extraordinaire.

« Moi, je n'ai pas de Raoul. »

Pedrina poussa un soupir.

La marquise reprit :

— Votre théorie du caprice ne m'explique pas pourquoi vous vous êtes faite chasseur.

— Tu vas le comprendre.

Où trouver des hommes plus mâles et offrant une plus grande variété de types que chez les coureurs de bois?

« Où?

« Nulle part au monde.

« Aussi me suis-je dit que, parmi eux, je trouverais un magnifique choix d'amoureux.

« Déguisée, je cherche une bande.

« Je me bâtis un gourbi.

« Je vis avec la troupe que j'ai adoptée.

« Quand mon choix est fait, je fais mine de quitter la bande pour en choisir une autre.

« Nous sommes libres, vous le savez.

« Un beau soir, je reviens, mais en femme; j'ai quelques nègres pour domestiques; je me présente au gourbi de qui m'a plu comme une voyageuse égarée.

« Je suis jolie.

« Le chasseur est galant.

« J'accepte l'hospitalité de la nuit et ses conséquences; je reste parfois huit jours.

« Souvent, je pars le lendemain.

« Ma vie est une course à travers l'Algérie.

— Pourquoi ne pas avouer votre sexe?

— Quelle plaisanterie.

« L'amant de la veille voudrait tuer celui du lendemain; il y aurait meurtre sur meurtre. »

La marquise écoutait ces étranges confidences avec une stupéfaction profonde.

Jeanne semblait trouver cette conduite naturelle; du moins ne protestait-elle pas.

Tout à coup, elle se prit à dire :

— Tu as donc un caprice pour quelqu'un de ceux qui suivent Raoul? demanda-t-elle.

— Oui, fit Pedrina.

— Pour qui?

— Pour Nadief!

Jeanne eut un mouvement prompt comme la foudre; elle tira son yatagan du fourreau.

Tout à coup elle s'apaisa.

— C'est une plaisanterie, n'est-ce pas? demanda-t-elle. Si tu disais vrai, je te tuerais.

« Tu le sais.

« Tu te serais tue. »

Pedrina se mit à rire.

— Tu as raison.

« Je voulais seulement t'arracher un secret.

— Un secret?

— Eh oui!

« Je cherchais à savoir si tu aimais le prince, et, maintenant, j'en suis certaine. »

Jeanne nia.

Mais ses deux compagnes se regardèrent en souriant; la farouche petite gazelle s'était laissé prendre au piége.

On arriva dans Laghouat.

Les trois voyageuses s'y reposèrent.

Le lendemain, elles se mettaient en route, et arrivaient le soir même au bivac, que le convoi avait quitté l'avant-veille; elles y trouvèrent l'herbe encore épaisse, l'eau peu enfoncée sous le sable et les traces du camp.

Elles s'établirent pour la nuit.

Pedrina fut d'un grand secours.

Plus robuste, plus faite que Jeanne à la vie des camps, elle improvisa un bivac confortable en un tour de main; les tentes furent dressées, le repas fut préparé.

C'était un curieux spectacle pour qui l'eût vu, que celui de ces trois femmes (elles avaient quitté en partie leurs déguisements) seules au cœur du Sahara.

Elles devisèrent, à la nuit, en fumant le blond tabac de la Tafna dans des cigarettes au papier ambré, et elles s'endormirent sous la garde de leurs chiens.

15.

XXXIV

Trop curieux.

Laghouat, comme toutes les villes du Sahara, est remplie de drôles, hommes sans avoir, hommes d'espérance, comme ceux qui avaient enlevé la maîtresse de Pierre.

Lorsque les voyageuses avaient quitté le ksour, elles avaient été rencontrées par un de ces chercheurs d'aventures qui leur avait demandé l'aumône.

Ce misérable avait cru deviner, à un geste, que l'un des voyageurs (la marquise) était déguisé.

Il suivit curieusement les mahara aussi vite qu'il put; un homme comme lui ne pouvait perdre à pénétrer un secret; il pensa que, peut-être, on enlevait une femme.

En ce cas, le mari récompense qui indique la direction prise par le ravisseur.

Le mendiant parvint à un mamelon escarpé, et fut stupéfait en s'apercevant que les trois mahara s'enfonçaient dans une solitude que chacun savait sans puits, sans verdure, sans ressource d'aucune sorte.

Déjà on s'était étonné, à Laghouat, que Raoul et son convoi eussent pris par là.

Le mendiant rentra.

Il trouva dans le bazar deux chasseurs : le Corse et l'un de ses amis.

Ceux-ci faisaient marché avec une trentaine de drôles pour retrouver Jeanne.

— Deux Françaises, disait le Corse, la femme et la sœur du Coupeur de Têtes, ont quitté notre colonne; elles sont déguisées en Arabes et suivies d'un chasseur.

« Un douro à chacun de vous pour les chercher; vingt à qui donnera un renseignement. »

Le mendiant allait s'avancer.

Il réfléchit.

Tout à coup il prit une résolution.

Se glissant parmi les groupes, il tira à part une dizaine de bandits.

Tous le suivirent.

Il les conduisit dans un coin désert, près des remparts, et là il s'expliqua.

— Vous savez, camarades, leur dit-il, que le Coupeur de Têtes est parti pour une expédition ?

— Oui! firent les bandits.

— Sa femme et sa sœur, escortées d'un seul chasseur, ont voulu le rejoindre.

« Vous avez entendu ce qu'a dit le coureur de bois; ces deux femmes savent où va le convoi.

« Je propose de les suivre, de les rattraper cette nuit même, et de les faire prisonnières.

« On les tiendra enfermées dans quelque lieu sûr, et on rançonnera le Coupeur de Têtes.

— Oh! oh! fit-on.

La proposition semblait dangereuse.

— Que risquons-nous? dit le Laghouatais.

« La vie.

« Qu'est-ce que la vie pour nous?

« Une longue souffrance.

« Et encore sommes-nous menacés.

« Nous tiendrons la vie des deux femmes dans nos mains; si le Coupeur de Têtes ne jure pas de nous laisser en paix (il est fidèle à ses promesses), nous ne rendrons pas les prisonnières.

« Croyez-moi, nous pouvons faire fortune en une nuit, sans grand péril, mes *frères d'espoir.*

— Il a raison ! murmura-t-on.

— Est-ce accepté ?

— Moi, je me hasarde ! dit l'un.

Il entraîna les autres.

— Faisons le serment.

Tous ces bandits jurèrent de se dévouer à la cause commune ; rarement les membres des bandes de voleurs indigènes se trahissent entre eux.

— Murrah, dit un des *hommes d'espérance,* tu seras notre chef ; tu as trouvé le plan, tu es brave, tu es adroit ; il est juste que tu nous commandes.

— Oui, firent les autres, Murrah sera chef, avec double part et priviléges.

— Merci, frère, dit le Laghouatais.

« Et, puisque me voilà à votre tête, je commande que chacun s'arme, et que, dans un quart d'heure, tout le monde soit prêt, avec de la galette et de l'eau, pour le voyage ; nous aurons peut-être trente lieues à faire en vingt heures.

Les bandits s'écartèrent.

Ils allèrent chercher de ci, de là, qui un pistolet rouillé, qui un mauvais fusil, qui un sabre.

Tous volèrent des galettes aux étalages des marchands, et ils s'en furent au rendez-vous.

Il était midi.

Le bivac (ils l'ignoraient) était à vingt lieues seulement ; ils l'atteignirent vers dix heures du soir.

Les voyageuses venaient de s'endormir.

Les bandits s'arrêtèrent à une demi-lieue des tentes environ, pour tenir conseil.

— Elles sont là ! fit le chef.

« Sûrement elles sont seules, sauf ce chasseur.

— Mieux vaudrait celui-ci absent.

Réflexion judicieuse d'un des plus prudents.

— Un homme ne peut rien contre des gaillards déterminés comme nous, dit Murrah.

— C'est un coureur de bois !

— Il n'a que deux bras comme nous.

« Puis, il n'y a pas à hésiter.

« Mourra qui mourra !

« On va cerner le camp; on marchera lentement sur les tentes, de façon à y arriver ensemble.

« Quand je crierai : en avant! on se lancera tous ensemble; je me réserve de retrancher du quart et de moitié de parts à ceux qui seraient lâches.

« Il faut tuer le chasseur.

« Quant aux femmes, qu'on les ménage.

« Il y a des chiens.

— On les entend hurler déjà.

— Tant mieux.

« Peut-être le chasseur sortira-t-il, inquiet de leurs aboiements; on le tuerait d'un coup de fusil.

« Je me charge de tirer.

« Il ne faut brûler la poudre que sûr de coucher son homme par terre.

« Avançons en rampant. »

Les bandits se dispersèrent pour encercler le bivac, et après une demi-heure de marche rapide, ils eurent réussi à former un cercle.

Vers minuit, ils n'étaient qu'à cinquante pas des tentes; les chiens hurlaient furieux.

Sous les tentes, on dormait.

La mort planait sur Pedrina.

La captivité menaçait Jeanne et la marquise.

Raoul et Nadief marchaient, de leur côté, à un trépas certain...

XXXV

Feu !

Il était assez singulier que Pedrina ne fût point sortie de sa tente aux aboiements des chiens.

Pour un chasseur, elle avait le sommeil bien lourd.

Jeanne et la marquise, éveillées depuis longtemps par les cris des chiens, s'étonnèrent de cette tranquillité de leur compagne, et Jeanne l'interpella.

— Eh ! Pedrina !

— Voilà ! fit une voix.

— N'entends-tu pas les kelbs (chiens) ?

— Si.

« Depuis une heure j'écoute.

« Taisez-vous toutes deux.

— Qu'y a-t-il donc ?

— Une dizaine d'hommes entourent le camp.

— Des drôles qui nous auront suivies, fit Jeanne; les hommes d'*espérance*, quand ils voient partir une petite caravane, se rassemblent et cherchent sa trace pour l'attaquer.

— Ce doit être ça.

— Que faisons-nous ?

— Ne bougeons pas.

« Ils croiront nous surprendre.
— Combien sont-ils ?
— Dix ou douze, au plus.
— Peuh !
« Ce n'est pas une affaire. »

Et Jeanne, sous sa tente, prépara ses armes.
— Pour trois, dix ce n'est rien, dit Pedrina.
« Pour deux, c'est beaucoup.
« A trois, au premier choc, on a couché trois agresseurs par terre; on brûle la cervelle à trois autres avant qu'ils soient remis de leur première alerte; il en reste quatre.
« Le yatagan les expédie.
« Mais à deux, ce jeu devient dangereux.
— Me comptez-vous donc pour rien ? demanda la marquise.
— A peu près.
— Eh bien ! vous verrez.
— Elle a pris plusieurs *sangs*, observa Jeanne.
— C'est différent.
« Je la croyais très-femmelette.
« Attention ! »

Les sarags (voleurs) approchaient.

Le silence du camp les encourageait.

Quand nous disons silence, il ne s'agit pas des chiens, qui se démenaient avec fureur.

La même pensée vint à tous les bandits; il se dirent que le chasseur s'était enivré, et que c'était pour ce motif qu'il ne bougeait point.

Ils ne furent plus bientôt qu'à vingt pas, vus par les chiens distinctement, se voyant entre eux.

Les trois femmes s'étaient glissées sous la même tente, et Pedrina avait dit :

— Laissons-les arriver le plus près possible; ne faisons feu qu'à bout portant.
« Il faut que nos coups soient sûrs.
« Voyons ta main, marquise. »

Elle prit le poignet de la jeune femme.
— Pas de fièvre ! fit-elle.
« Pas de peur !
« Tu es crâne ! »

Et elle ajouta :

— Feu à mon commandement.

« Non qu'il faille tirer quand je crierai, mais on ne pourra commencer avant.

« Jeanne à la tête, toi !

« Vous, marquise, à la poitrine.

« Vous ne devez pas être exercée assez pour tirer le crâne... »

Les faits de cette étrange histoire sont si réels, qu'il nous est permis d'en tirer des conclusions rigoureuses.

Il n'est pas douteux que trois femmes se soient défendues, au Sahara, contre dix bandits.

Les notes que nous consultons portent l'empreinte d'une vérité minutieuse jusque dans les détails; elles ont été écrites, on le sait, par un chasseur qui tenait le récit des faits de la bouche même des acteurs du drame.

Que penser de ces trois héroïnes ?

Que, par l'habitude du danger physique, les femmes peuvent acquérir le courage de l'homme.

Si nous voyions les femelles de la nature, elles ont tout autant de bravoure que les mâles.

L'éducation seule a fait les femmes poltronnes, et si elles nous sont inférieures, ce n'est pas de ce côté qu'elles pèchent; leurs défaillances ne viennent pas de là.

Certes, les sarags ne s'attendaient pas au rude accueil qu'ils allaient recevoir.

— En avant ! cria Murrah.

Ils bondirent tous.

— Feu ! cria une voix.

Et la tente, dont les cordes étaient coupées, s'abattit, laissant découvertes, et un genou à terre, les trois femmes, fusil en main.

Les chiens se jetèrent sur les assaillants, en paralysant plusieurs d'entre eux par leurs morsures.

Trois décharges couchèrent trois sarags sur le sol; ce fut pour tous un coup de foudre.

Ils s'arrêtèrent.

— Les pistolets ! cria Pedrina.

Elle prit devant elle ses deux pistolets, et abattit un homme, puis, ramassant son flissa, elle bondit, son long couteau à la main, sur Murrah lui-même.

Jeanne avait cassé le bras à un bandit, et la marquise, froidement, sans bouger de place, avait essuyé deux coups de feu, et y avait répondu sans hâte.

Les chiens gênaient fort ces deux hommes, du reste, et les inquiétaient par leurs coups de gueule.

L'un eut le ventre traversé.

L'autre, manqué, se sauva.

Tous les survivants fuyaient.

Murrah râlait, cloué au sol.

— En selle! cria Pedrina.

« Coupez la retraite à ces drôles. »

Toutes trois coururent aux mahara; les désentravèrent, les montèrent et poursuivirent les fuyards.

Ce fut Pedrina qui fit l'office de chasseur; Jeanne et la marquise lui traquèrent son gibier.

Les chiens, qui avaient, selon la coutume, étranglé tous les blessés, se mirent en quête.

Ils furent d'un grand secours.

Les hommes d'*espérance*, harcelés par la meute, criblés de balles, furent tous expédiés en cinq minutes.

La victoire était à Pedrina.

— C'est fait, dit-elle quand le dernier Laghouatais fut sous les crocs des kelbs.

« Les drôles ont leur compte.

« C'est bien, marquise.

« Tu as mon estime.

« Pied à terre. »

La jeune femme descendit.

— Qu'allons-nous faire? demanda la marquise.

— Couper les oreilles de ces gredins.

« Les Indiens scalpent.

« Les Arabes décapitent.

« Nous désoreillons, nous.

— Et pourquoi?

— Pour avoir des trophées.

« Tous nos camarades font sécher ces oreilles et les clouent dans leur gourbi.

— Pouah! fit la marquise.

— Tu fais la dégoûtée ?

« Ton Raoul a eu des gourbis tapissées en entier d'oreilles coupées à ses adversaires. »

La marquise ne descendit pas de mahari ; mais Jeanne se glissa à terre, et coupa les oreilles comme Pedrina.

— Toi, vois-tu, dit l'Espagnole, tu es une vraie femme de chasseur ; mais elle, jamais elle ne surmontera ses préjugés.

« Brave, soit !

« Mais toujours femme au fond. »

La marquise, qui n'avait nullement envie de cesser d'être femme, sourit de ce jugement.

Les cadavres désoreillés furent abandonnés.

Les trois héroïnes rentrèrent au camp.

— Eh ! dit Jeanne en montrant plusieurs paires d'oreilles, voilà de quoi montrer à Raoul qu'on vaut bien l'un de ses compagnons ; il n'osera gronder.

— Espérons-le ! fit la marquise.

— Sotte !

« Ne crains donc rien.

« Il va t'adorer pour ton courage. »

C'était Pedrina qui parlait ainsi.

Elle avait bien raison, la capricieuse Madrilène.

Une demi-heure après le combat, le camp était silencieux ; on entendait la respiration égale de trois femmes endormies ; mais, au clair de la lune, on apercevait des cadavres étendus, et près d'eux des chiens léchant les crânes brisés.

La cervelle est douce au palais...

Le lendemain, les trois héoïnes se mirent fièrement en route, la marquise ne redoutait plus rien, après l'expérience de la veille, elle avait la mine assurée.

Le voyage s'accomplit sans autre incident et sans rencontre ; le soir où la caravane atteignait un puits, Jeanne et ses amies arrivaient à dix lieues de là.

Un jour de marche seulement les séparait.

Elles avaient décidé d'attendre encore un jour avant de se joindre à la caravane.

XXXVI

Le ballon.

Forcé, par la nature même de notre récit, à couper l'action à chaque instant, nous étant interdit tout arrangement littéraire qui nuirait à la vérité, nous avons laissé Raoul et Nadief prêts à boire à leurs coupes empoisonnées.

Les Mozabites ne les quittaient pas de l'œil, il virent les deux chasseurs avaler une gorgée de café.

Mais soudain un cri s'éleva.

— Un météore! cria une voix.

Tous regardèrent, posant leurs coupes à terre, et ils virent un météore sillonnant l'espace.

On eût dit une boule de feu.

Il venait lentement.

Raoul et Nadief examinèrent attentivement ce phénomène; puis le comte s'écria :

— C'est un ballon.

« Ce doit être Passe-Lacet. »

Il se mit à rire.

— Le drôle, reprit-il, devait s'arrêter à Laghouat; on ne l'y a pas vu descendre.

« Un ullemah m'a dit avoir vu passer une boule de feu; c'était la montgolfière.

« Il va certainement se trouver, dans une demi-heure, juste au-dessus de nous.

« Allumons du feu, et faisons-le descendre; ce pauvre garçon erre, par ma faute, depuis près d'un mois, dans le Sahara, avec son ballon; je lui dois un dédommagement.

« Puis, l'aérostat pourra servir.

« On fera à Passe-Lacet une part du trésor, et il sera l'aéronaute de la troupe. »

Il avait reconnu à qui il avait affaire.

Les chasseurs s'empressèrent de faire flamber les foyers; mais tout à coup l'un d'eux tomba.

— Tiens ! fit Raoul.

« Une attaque d'apoplexie !

Un autre homme chancela.

— Qu'est-ce là ? fit Nadief.

Un troisième était à terre.

Toute la bande s'affaissait homme par homme.

— C'est un empoisonnement ! s'écria Raoul.

Il se sentit lui-même envahi par une torpeur irrésistible; il mit la main à ses pistolets.

— Les Mozabites ! s'écria-t-il.

Il les chercha du regard.

Ils s'étaient vivement éloignés.

— Nous sommes morts ! dit Nadief.

— A peine ai-je bu ? fit Raoul.

— Qu'importe !

« Nous serons assoupis et ils nous achèveront.

Alors ces deux grands cœurs, dignes des plus beaux jours de l'antiquité stoïque, échangèrent une étreinte suprême, et se couchèrent avec calme l'un près de l'autre, attendant avec calme le dernier, l'éternel sommeil...

Il vint rapide.

Le sang se figea dans leurs veines; le cerveau cessa de penser; ils perdirent tout sentiment.

A mille pas de là les Mozabites se tenaient tapis sur le sol, inquiets, indécis.

D'un côté, ils auraient voulu courir vers le camp pour savoir si Raoul et Nadief étaient morts ; car ils ignoraient si la dose avalée avait été suffisante.

D'autre part, ils craignaient de tomber sous les pistolets des deux chasseurs survivants.

Le ballon planait déjà, non loin du bivac.

— Frère ! dit l'un, penses-tu qu'ils sont empoisonnés ? Ils ont bu à peine.

— Je l'espère ! dit l'autre.

— Que faire ?

— Attendre.

« S'ils sont morts, à quoi servirait de se hâter ; s'ils vivent, nous risquons nos vies.

— Attendons.

Un Mozabite poussa l'autre.

— Et ce ballon ? fit-il.

— Il passera peut-être sans s'arrêter.

— S'il s'arrête...

— Qu'y faire ?

« Le meilleur est de laisser aller les choses et de s'inspirer des circonstances.

« Tu as raison. »

Ils suivirent anxieux la marche de l'aérostat.

Celui-ci descendit rapidement, et maître Passe-Lacet se mit à crier d'en haut :

— Eh !

« D'en bas !

« Prenez les cordes.

Mais personne ne se leva.

— Tiens ! pensa Passe-Lacet.

« Les voilà tous prosternés.

Il voyait tout le monde à terre.

Il murmura en souriant :

— Quelle terreur !

Et il jeta un ancre qu'il s'était fait fabriquer ; l'ancre s'accrocha à un lourd ballot, et l'aérostat s'arrêta ; Passe-Lacet éteignit son feu, et fut bientôt à terre.

— Holà ! fit-il.

« Les chasseurs ! »

— Sont-ils bêtes !

« C'est moi !

« Un Français !

« Un zouave !

Et il secoua un homme. »

Mort !

Il était mort.

Un autre aussi.

Et encore un autre.

— Tous claqués ! fit Passe-Lacet.

« Qu'est-ce que ça veut dire ? »

Il avait l'intelligence prompte.

— Parbleu ! dit-il, ils se seront empoisonnés ; ils n'ont aucune blessure apparente.

« Quelque maladroit aura voulu les régaler d'un plat assaisonné d'une plante du désert.

« Et v'lan !

« Tous ont tourné de l'œil.

« Tous !

« Peut-être non.

Il passa son inspection.

— Bah ! s'écria-t-il.

« Le Coupeur de Têtes.

« Quel dommage !

« Un crâne homme. »

Il le tâta.

— Le cœur bat ! fit-il joyeux.

En effet, le cœur de Raoul battait faiblement.

— Et son ami, qui est là, continua le zouave, voyant Nadief, vit-il encore aussi ?

« Oui.

« Gare, alors.

« Je vais les sauver.

En ce moment les Mozabites discutaient.

— On dirait, fit l'un, que le Français du ballon les a tous trouvés morts ! qu'en penses-tu ?

— Ça en a l'air.

— Tuons-nous cet homme ?

— Pourquoi ?

« Il va peut-être s'en aller.

« S'il allait nous tuer lui !

« Tenons-nous cois. »

Ils ne bougèrent pas.

Passe-Lacet inspecta tous les corps, et vit que trois seulement survivaient.

Un autre chasseur n'avait fait qu'effleurer sa coupe.

La montgolfière, à peine dégonflée, se soutenait encore au-dessus du ballot.

Passe-Lacet, familier à la manœuvre, ralluma d'abord son feu pour que son aérostat ne s'abattît point; puis il passa des cordes sous les corps des trois survivants, et les hissa dans sa nacelle, en tenant le bout des cordes.

Une fois installé, et après avoir jeté du lest, il amena d'abord Nadief à lui.

Puis il rejeta du lest et tira dans la nacelle Raoul, et enfin l'autre chasseur.

— Ouf! fit-il.

« Rude corvée.

« Gagnons quelque ksour. »

Des mahara, des tentes, étaient là.

Mais peu importait à Passe-Lacet.

Il était déjà riche, et se voyait remuant l'or à la pelle; peu lui faisait d'abandonner des mahara.

Il ne prisait que l'or et les pierreries.

Il abaissa un peu son feu pour que la montgolfière descendît de quelques pieds; de cette façon, il dégagea son ancre; puis il activa son fourneau.

Le ballon se lança dans l'espace.

— Au premier ksour, se dit le zouave, je les déposerai et je les ferai soigner de mon mieux.

Reste à savoir s'ils en reviendront.

XXXVII

Meurt qui tue.

Les Mozabites voyant le ballon remonter, s'avancèrent avec des précautions extrêmes.

Ils s'assurèrent bientôt que les corps des trois chasseurs étaient enlevés par la montgolfière.

— Saute sur un mahari, s'écria l'un des Mozabites, et va vite prévenir l'un des pères mages.

« Je reste.

— Va tuer Ali-Baba.

— Je m'en charge.

Le Mozabite sauta en selle.

— Le ksour Aldaf n'est pas loin, dit celui qui restait; en sept heures tu peux le gagner.

« Tu y trouveras les frères.

« Qu'on ne perde pas une minute.

— Pas une seconde !

Et il partit au galop.

Le Mozabite qui restait prit son fusil et ses pistolets, ajusta son ceinturon, monta un mahari et se dirigea vers le point où Ali-Baba dit les Quarante-Voleurs faisait faction.

Il mit une demi-heure à l'atteindre.

Le bonhomme avait exécuté à la lettre les recommandations de Nadief; il était hors de vue.

Le Mozabite le trouva maugréant.

— Enfin, dit-il, tu arrives.

« Il s'est donc décidé à m'envoyer quelqu'un !

— Oui, mon vieux.

« Je te viens chercher. »

Le Mozabite avait son plan.

— Donne-moi la main ! dit-il.

« Je vais te hisser en selle ! »

Le père Antoine, sans défiance, tendit sa dextre au Mozabite qui l'empoigna vigoureusement; mais en même temps l'assassin saisissait à sa ceinture un pistolet armé, et le déchargeait sur le crâne du père Antoine.

Le coup rata.

Les pistolets indigènes sont à pierre; les ratés sont fréquents avec ces armes défectueuses.

Cependant les Arabes y tiennent.

— Canaille ! s'écria le garde.

Et il tira le cavalier à lui si brusquement, que celui-ci tomba rudement à terre.

Le père Antoine avait peur des lions, mais il était aguerri avec les hommes; puis il avait sa peau à défendre.

Il ajusta le Mozabite avec son fusil et le tua roide d'un beau troué poitrine.

Ali-Baba, cette exécution faite, se trouva tout gauche et tout embarrassé de sa personne.

— Pourquoi veut-on me tuer ? se demanda-t-il.

Et il trouva une solution qui n'était pas entièrement dépourvue de bon sens.

— Je gêne Nadief ! pensa-t-il.

« Il m'a trouvé curieux.

« Il se défie de moi.

« Comme c'est un homme expéditif, il aura envoyé celui-ci pour me faire passer le goût du pain.

« Oui, c'est ça. »

Fort de cette conviction, Ali-Baba la prit pour point de départ de sa ligne de conduite.

— Que faire ?

Il s'assit sur le Mozabite pour y songer.

— Je suis seul au milieu du Sahara, se dit-il, si je me sépare de ces mâtins-là.

« Seul, je crève comme un chien.

« Il faut donc que je gagne le camp.

« Mais on veut se débarrasser de moi. »

Antoine eut un beau mouvement.

Il se leva et coupa la tête du Mozabite.

— Ah! fit-il, on me méprise.

« Ah! on en veut à ma pauvre existence parce que l'on me croit couard, poltron, jobard!

« Je vais aller montrer cette tête à Nadief qui, au fond, est un homme assez juste... quand il ne se trompe pas sur le compte des gens... et qui sera épaté.

« Je lui dirai :

« Regarde cette tête !

« C'est celle de l'homme qui voulait me tuer par tes ordres, l'homme est mort, Nadief.

« Moi, je vis.

« Je ne suis donc pas si propre à rien qu'on le dit, puisque je tue ceux qui ont sur moi l'avantage de la surprise ! »

Et Antoine s'exaltait.

Il parlait en brandissant la tête.

Le sang l'inondait, mais dans son exaspération il ne s'en souciait pas le moins du monde.

— Allons ! fit-il.

« En selle.

« Advienne que pourra.

Il partit pour le camp, bride abattue.

Il n'y trouva que des morts.

On juge de sa stupéfaction.

Il examina les cadavres, et constata l'absence de l'autre Mozabite, celle de Raoul, de Nadief et d'un chasseur.

Il était consterné.

Il avait vu le ballon.

Il avait remarqué qu'il descendait sur le camp, et quoique n'apercevant pas les tentes sombres, il avait pu distinguer l'aérostat lumineux dans les ténèbres.

Ces meurtres, ce ballon, la tentative du Mozabite, tout se heurta dans sa tête.

Il faillit devenir fou.

— Voyons ! fit-il.

« Tâchons de voir clair à tout ça.

Prenant sa tête à deux mains, il tâcha de se calmer et y réussit, non sans peine.

— J'ai entendu dire aux chasseurs que dans les grands périls, il fallait être calme.

« Le suis-je ?

« Oui.

« Alors, raisonnons. »

Le ballon, il en connaissait un peu l'histoire.

Il avait appris qu'un zouave, monté dedans, avait passé sur le camp Touaregg et l'avait menacé ; de là une fuite rapide dont on avait beaucoup ri chez les chasseurs.

Depuis, le zouave, disait-on, ayant manqué Laghouat, était allé on ne savait où.

Antoine, fort de ce point, songea au mobile du meurtre, et trouva tout naturellement que les Mozabites avaient voulu empoisonner la troupe ; que le ballon avait emporté trois chasseurs survivants probablement, et que l'un des Mozabites était venu le tuer, tandis que l'autre avait couru chercher quelque renfort.

On le voit, le garde avait deviné juste.

Et qu'on ne s'en étonne pas.

L'habitude de la surveillance des braconniers avait développé chez lui la combinaison et amené la déduction.

Il lui fallait prendre un parti.

Le père Antoine avait un côté de caractère bizarre que nous avons vu se développer.

Il était brave par vanité.

Il était taffeur à l'occasion.

Mais aussi parfois, sous le coup de fouet de l'amour-propre, il était capable de grandes audaces.

Un soir il l'avait prouvé en voulant arrêter la Grande-Fade en forêt.

Il aurait pu fuir, tâcher de découvrir un ksour et de là regagner Laghouat, puis la colonie.

Il resta.

— Je vais m'illustrer ! dit-il.

« On m'a trop blagué.

« Je n'ai pas tué de lion ; mais je vais frapper un grand coup dont il sera parlé.

Il s'en alla vers le cadavre du Mozabite et l'enterra profondément dans le sable.

Il revint, fit disparaître la tête qu'il avait apportée, et chercha un emplacement.

Sur un point assez élevé, à trois cents pas du camp, il se prépara une tombe ouverte.

— Evidemment, celui qui est parti reviendra avec du monde pour enlever le trésor.

« Où ils iront, j'irai.

« Je saurai qui ils sont, je rassemblerai les chasseurs ; nous vengerons nos camarades.

« Le père Antoine aura un grand nom.

« Ah ! mais... »

Et là-dessus il fit tous ses préparatifs.

Au jour, il était enterré.

Vers midi, il entendit du bruit.

— Les voilà ! fit-il.

Il souleva le sable, dégagea un peu sa tête, et regarda vers le camp ; trois cavaliers y arrivaient.

— Tiens ! pensa Antoine, Pedrina !

Et il dévisagea les autres.

— Des drôles d'Arabes ! pensa-t-il.

Il entendit des cris déchirants.

C'était la marquise qu'épouvantait la vue des morts, et la crainte de trouver parmi eux le cadavre de Raoul.

Antoine se leva.

A sa vue, Pedrina vint à lui.

— Que s'est-il donc passé ? s'écria-t-elle.

— Ah ! mon pauvre ami ! dit Antoine.

« Quelle catastrophe ! »

Il conta tout.

— Tu dois avoir raison dans tes suppositions ! dit Pedrina : viens vite, Ali-Baba.

La marquise, folle de douleur, écouta le récit du garde et reprit quelque espérance.

Mais des silhouettes parurent au loin.

— Les Mozabites arrivent ! s'écria le garde.

En effet, les mages accouraient, mais ils étaient bien loin...

Les Mozabites apparaissaient à une distance énorme; Pedrina l'évalua à vingt lieues.

— Nous avons, dit-elle, le temps de tenir conseil; nous les voyons, c'est vrai.

« Ils ne nous voient point.

— Pourquoi? demanda la marquise.

— Le soleil les éclaire obliquement; nous percevons leurs silhouettes.

« Voyez les ombres.

« Nous sommes éclairés d'aplomb.

« A peine surgissons-nous pour eux sur le fond noyé de l'horizon lumineux.

— Puis, dit Jeanne, il y a des ballots, des mahara autour de nous.

« Il leur serait impossible de nous distinguer dans le fouillis du camp.

— Nous avons un quart d'heure devant les mains, ajouta Pedrina.

« Qu'allons-nous faire?

— Fuyons !

« Nous tâcherons de retrouver Raoul s'il vit encore, et nous le vengerons s'il est mort. »

C'était la marquise qui parlait ainsi; Jeanne fut d'un avis tout autre.

— Où trouver Raoul? dit-elle.

« S'il survit, il viendra à Laghouat après sa guérison, c'est certain.

« Nous ne pourrions rien pour le sauver; il a rendu l'âme, ou déjà il est hors de péril en ce moment; les poisons tuent en peu d'heures.

« On s'en guérit en peu de temps.

« Vengeons donc d'abord nos frères; vengeons Raoul vivant ou mort.

« Puis, songeons au trésor.

« Notre devoir est de le conserver à nos amis qui ont joué leurs têtes pour lui.

— Elle a raison, dit Antoine.

« Il ne faut pas que les Mozabites enlèvent ces richesses, qui seraient perdues pour nous tous si on les laissait les voler tranquillement.

— Eh bien ! agissons vite, dit Pedrina ; arrêtons notre plan rapidement.

— Évidemment, dit le garde, les Mozabites vont déterrer le trésor et en charger le convoi ; il faudra les suivre et l'enlever si on le peut.

« Je suppose qu'évitant les ksours peu sûrs de l'extrême sud, ils remonteront vers Laghouat où la police est assez bien faite.

« De là ils gagneront leurs oasis.

— Probablement ils suivront le chemin parcouru par la caravane pour venir.

— Jeanne doit avoir raison.

— Selon moi, dit Pedrina, nous devons fuir avec les mahara ; nous nous tiendrons cachés dans quelque creux à bonne distance d'ici.

« Voir sans être vus, tel est notre but ; allons donc au ravin qui se trouve sur la droite de la route que le convoi parcourra. »

Antoine approuva.

— De là, on sera très à l'aise pour tout observer, pour fuir au besoin.

« Mais le Mozabite ?

— Lequel ?

— Celui que j'ai tué.

« On va s'inquiéter de son absence.

— Là-dessus, dit Jeanne, j'ai une idée ; Pedrina parle-t-elle le dialecte du pays de M'zab ?

— Oui ! dit la Madrilène.

— Il suffira d'écrire sur le sable, en caractères profonds et larges, un avis ainsi conçu :

« *Ne me cherchez point.*

« *Je suis à la recherche d'Ali-Baba qui a disparu, et dont je ne lâcherai la piste qu'après l'avoir tué ; je vous rejoindrai plus tard.*

« *J'ai des vivres et de l'eau pour huit jours sur un bon mahari.* »

— Jeanne, ton conseil est des meilleurs, s'écria Pedrina enchantée.

Et elle se mit à écrire.

Quand elle eut fini, elle fit rassembler des vivres, choisit quatre mahara fins coureurs et les chargea de tout ce qu'elle prévit devoir être utile; puis le guide et les trois jeunes femmes sautèrent en selle et disparurent vers le ravin.

En courant, Ali-Baba se fit des réflexions sur ce fait singulier.

— Pourquoi diable, pensait-il, Jeanne appelle-t-elle Pedro Pedrina?

Et il questionna.

La Madrilène le tranquillisa.

— Le cœur a failli me manquer, dit-elle, le soir où les Laghouatais nous ont attaqués; Jeanne s'en est aperçue et me blague.

« Elle me donne un nom de femme depuis ce moment-là pour me punir d'une défaillance assez honteuse, je l'avoue, maître Antoine.

— On n'est pas brave toujours! observa philosophiquement Ali-Baba.

Ils arrivèrent au ravin.

Le terrain était propice.

Pedrina, avec ses yeux de chasseur accoutumés à voir de loin, distinguait tout le camp; elle s'établit un observatoire.

Bientôt elle put compter les Mozabites; ils n'étaient que dix-huit.

— Oh! fit-elle joyeusement.

« Dix-huit!

« On en viendra à bout.

— Espérons-le! fit la marquise.

— Moi, s'écria le garde, je me sens en verve; l'idée de sauver le trésor me met le feu sous le ventre; la gloire me sourit.

« Raoul et Nadief, s'ils n'ont pas *avalé la musique*, me féliciteront.

« On ne m'appellera plus vieux taffeur.

— C'est bien, ça, maître Antoine, dit Jeanne frappant sur l'épaule du garde.

Le vieux mâtin, tout fier, en redressa sa moustache en crocs avec orgueil.

Les Mozabites entrèrent au camp.

Pedrina ne cessait d'observer.

— Ils lisent l'avis, dit-elle d'abord; ils sont rassemblés et tiennent conseil.

Puis, plus tard :

— Ils s'orientent.

« Ils vont déterrer le trésor. »

Les Mozabites, en effet, ne perdirent pas de temps et se mirent en quête.

Pedrina les vit piocher, puis tirer l'or et les pierreries du fond du trou.

Cette opération dura longtemps.

Les mahara furent chargés de suite; malgré la nuit, la caravane partit.

— Ils vont faire une *étape d'ombre!* dit la Madrilène à ses compagnons.

Ceux-ci s'émerveillaient de sa vue perçante; rien ne lui échappait.

Le convoi se mit en marche.

On le laissa filer.

La nuit tomba.

On se mit à la poursuite de la caravane; il ne fallait pas en perdre la trace.

— Nous pouvons leur donner un peu de temps, dit Pedrina à ses amies.

« Cette nuit, nous en abattrons au moins trois ou quatre si vous voulez.

— Comment?

— Voici :

« Ils attendent leur frère.

« Je vais me détacher et je rattraperai l'arrière-garde, qui me prendra, dans les ténèbres, pour celui qui est censé chercher Antoine.

« Je déchargerai mes pistolets sur les plus rapprochés, mon fusil sur les autres, et je me sauverai ventre à terre vers vous.

« Vous serez embusqués.

« Les ravines ne sont pas rares au désert; on trouvera un lieu favorable.

« Quand les poursuivants vous auront dépassés, vous leur enverrez votre décharge et vous vous lancerez à fond de train dans les sables; on se rejoindra ensuite sur un point convenu.

« Nous aurons peu de chance si cette ruse ne nous réussit pas à merveille.

— Mais si on nous rattrape?

C'était le prudent Antoine qui émettait cette sage observation.

— Il est probable qu'ayant les meilleurs mahara, on ne nous atteindra pas.

« Du reste, je n'aurai pas plus de sept ou huit hommes à mes trousses.

« S'il le fallait, on en découdrait contre eux à coups de yatagan.

— Pourquoi si peu de cavaliers à ta poursuite? demanda Jeanne.

— N'en faut-il pas un certain nombre au convoi pour garder les chameaux?

— C'est vrai.

— Alors, c'est convenu.

« Nous attaquons?

— Oui.

Et tous se serrèrent les mains en signe d'assentiment et pour s'affirmer secours mutuel...

Pendant que ce plan se combinait, les Mozabites cheminaient assez calmes.

Ils avaient quelque inquiétude sur Raoul et Nadief; mais le danger était loin.

Ali-Baba ne semblait pas redoutable; un frère le poursuivait, du reste...

Six hommes étaient en tête.

Six veillaient aux bêtes de somme.

Six formaient l'arrière-garde.

Tout à coup, ceux-là entendirent un galop derrière eux et se retournèrent.

Ils virent un homme, monté sur un chameau, venir franchement à eux.

— Le voilà! firent-ils.

Ils croyaient que leur camarade venait rejoindre leur troupe.

C'était Pedrina.

Ils avaient attendu.

Cent pas environ les séparaient de la colonne; ils étaient fort tranquilles.

— Eh bien! demanda l'un.

« Est-il mort? »

Pedrina ne répondit pas.

Elle arrêta sa monture à quinze pas, déchargea brusquement ses pistolets, tua un homme, manqua l'autre, tourna bride et s'enfuit.

Les Mozabites, décontenancés, se regardèrent; puis l'un d'eux s'écria :

— Notre frère est tué par cet Ali-Baba ; c'est lui qui vient de tirer.

« En avant ! »

Ils s'élancèrent.

Pedrina leur envoya une balle à la mode arabe, en fuyant. Mais elle ne toucha rien.

Les cinq guerriers bondissaient derrière elle, faisant feu aussi.

Leur tir ne l'atteignit pas.

Tout à coup (ils longeaient un ravin), une décharge les cribla de balles.

Deux hommes tombèrent.

Les autres, réduits à trois, firent volter leur monture à droite et, comprenant qu'ils étaient tombés dans un piège, voulurent gagner du champ; un renfort leur arrivait du convoi.

Mais ils n'avaient reçu que la volée des pistolets; trois balles les saluèrent.

Une toucha un guerrier, l'autre un mahari; quatre hommes étaient morts ou agonisants; la ruse de Pedrina obtint un succès brillant.

— Chargeons ! dit Jeanne.

— Non, dit Antoine.

« Voilà du secours pour eux.

« Filons ! »

Pedrina revenait à ses compagnons, et elle leur criait de loin en français :

— En retraite !

Ils se perdirent dans l'ombre.

L'émoi fut grand chez les Mozabites; ils étaient tous très-inquiets.

D'où venait l'attaque ?

Qui était l'ennemi ?

Quelles étaient ses forces ?

Questions insolubles.

Avec cela, quatre hommes perdus!

Le convoi fut arrêté, on tint conseil; mais il fut impossible de rien deviner.

La caravane se remit en route, assombrie et redoutant un désastre.

Le chef ordonna les plus minutieuses précautions, et décida que, pendant les haltes, quatre hommes veilleraient sans cesse.

De la nuit, l'ennemi ne reparut.

Au jour, on ne le vit pas.

Le bivac fut dressé.

Avec le soleil, un peu de confiance revint; la pompe fut établie, l'eau coula en abondance; les Mozabites espérèrent.

Ils ne savaient pas dans quels cœurs implacables, quoique battant dans des poitrines de femmes, ils avaient allumé la soif de la vengeance.

Leur extermination était le but des trois femmes liguées contre eux.

C'était une guerre à mort.

Mais les Mozabites étaient de taille à combattre leurs adversaires par la ruse.

Rien de plus curieux que cette lutte entre trois femmes intrépides et une troupe d'hommes braves, intelligents, exaltés par la possession d'un trésor immense.

Le chef mozabite avait rassemblé ses compagnons pour tenir conseil.

— Frères, leur dit-il, il faut à tout prix nous débarrasser de nos adversaires.

« Autant que j'en puisse juger, ils sont peu nombreux; autrement, hardis comme nous avons toujours vu les coureurs de bois, ils nous attaqueraient franchement, sans recourir aux embuscades, si seulement ils étaient autant que nous.

« Je propose un plan.

« Quatre des nôtres, seulement, conduiront le convoi demain matin.

« Pour paraître en nombre, en cas d'espionnage, on attachera des mannequins sur des mulets; de la sorte, nos ennemis ne se douteront de rien.

« Le reste de la troupe, moi compris, s'ensevelira dans le sable du bivac.

« Il est évident que nos ennemis couchent dans les camp que nous laissons derrière nous ; ils nous joignent la nuit avec leurs mahara légers, font leur coup et retournent en arrière.

« Avec nos chameaux chargés lourdement, nous ne pouvons franchir plus de dix lieues, ils en parcourent soixante au besoin en un jour, avec leurs coursiers de guerre.

« Il est donc à peu près certain que, demain soir, cachés dans des trous, nous entendrons arriver nos adversaires au camp, qu'ils croiront vidé par nous.

« Je me charge de vous donner le signal, auquel nous nous lèverons tous.

« Chacun aura ses armes prêtes ; nous serons sûrs de massacrer les chasseurs.

« Désarmés, surpris, obligés de courir à leurs fusils, abandonnés à quelques pas, ils seront à notre discrétion et perdus sans ressources. »

Les mages se levèrent, et acclamèrent trois fois, selon leur rite, cette proposition.

Elle avait toutes chances de succès.

Ici se termine la première partie de notre drame. Nous avons écrit la seconde sous le titre de : LE LION DU SOUDAN!

Après avoir décrit les mœurs du Sahara, nous promenons le lecteur à travers le pays noir, qui s'étend dans les mystérieuses régions de l'Afrique centrale, et nous y suivons pas à pas la merveilleuse épopée de deux hommes qui ont profondément agitée une contrée vaste six fois comme la France.

Nous espérons que nos lecteurs feront à cette seconde série l'accueil qu'elle mérite plus encore que la première, si l'on tient compte des merveilleuses aventures qu'y ont courues les héros de ce drame et des gigantesques tentatives dont le contrecoup s'est fait ressentir jusqu'aux rives sénégalaises où nous dominons.

FIN DU COUPEUR DE TÊTES.

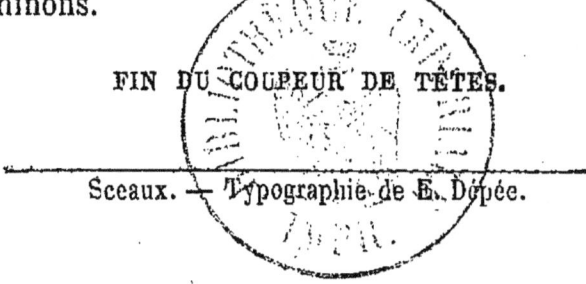

Sceaux. — Typographie de E. Dépée.

COLLECTION A 1 FRANC LE VOLUME.

PAUL DUPLESSIS.
	vol.
Les Peaux-Rouges	1
Juanito le harpiste	1
Une Fortune à faire	1
Le Batteur d'Estrade	2
Les Mormons	2
Etapes d'un volontaire	4
L'illustre Polinario	1
Un Monde inconnu	1
Aventures mexicaines	1
Grands-Jours d'Auvergne	4
La Sonora	2
Les Boucaniers	4

A. DE GONDRECOURT.
Le Légataire	1
Chevalier de Pampelonne	2
Le Baron La Gazette	2
Les Péchés mignons	2
Un ami diabolique	1
Le bout de l'Oreille	3
Le dernier des Kerven	2
Médine	1

PUBLIÉS PAR ALEXANDRE DUMAS.
La Princesse de Monaco	2
Mémoires d'un Policeman	4

JULES BOULABERT.
La Femme bandit	4
Le Fils du Supplicié	2
Catacombes s. la Terreur	2
La fille du pilote	3

HENRI DE KOCK.
Amoureux de Pierrefonds	1
L'Auberge des 13 pendus	2
L'amant de Lucette	1
La Tigresse	1
Les Mystères du Village	2
La Dame aux émeraudes	4
Brin-d'Amour	4
Les Femmes honnêtes	1
La Tribu des Gêneurs	1
Minette	4

ALEX. DUMAS FILS.
Sophie Printemps	1
Tristan le Roux	1

ÉLIE BERTHET.
Le Garde-Chasse	1
Le Château de Montbrun	1
Les Mystères de la famille	1
Une Maison de Paris	1
Le roi des Ménétriers	1
Antonia	1
L'Etang de Précigny	1
Le Nid de Cigogne	1

MARQUIS DE FOUDRAS.
	vol.
Madame Hallali	1
Lord Algernon	2
Caprice de Grande Dame	3
Soudards et Lovelaces	1
Capitaine de Beauvoisis	2
Gentilshommes Chasseurs	1
Jacques de Brancion	2
La comtesse Alvinzi	1
Madame de Miremont	1

ALEX. DE LAVERGNE.
La duchesse de Mazarin	1
La pension bourgeoise	1
Recherche de l'Inconnue	1
Le comte de Mansfeld	1

XAVIER DE MONTÉPIN.
La Perle du Palais-Royal	1
La Fille du maître d'école	1
Compère Leroux	1
Les Valets de Cœur	1
Sœur Suzanne	2
L'Officier de fortune	2
Un Brelan de Dames	1
La Sirène	1
Viveurs d'autrefois	1
Les Amours d'un Fou	1
Geneviève Galliot	1
Chevaliers du Lansquenet	4
Pivoine	1
Mignonne	1
Les Viveurs de Paris	4
La comtesse Marie	2
Les Viveurs de Province	3

ERNEST CAPENDU.
Le Pré Catelan	1
Mademoiselle la Ruine	2
Les Mystificateurs	1
Les Colonnes d'Hercule	1
Le Chasseur de Panthères	1

ADRIEN ROBERT.
Jean qui pleure et Jean qui rit	2
Les Diables roses	1
Léandres et Isabelles	1

MADAME V. ANCELOT.
Laure	1
Le Nœud de ruban	1
Gabrielle	1
Georgine	1

CHARLES DESLYS.
Le Mesnil-au-Bois	1
La Jarretière rose	1
Le Canal Saint-Martin	2
Simples Récits	1
L'Aveugle de Bagnolet	1

VICTOR PERCEVAL.
	vol.
Un Amour de Czar	1
La plus Laide des Sept	1
Béatrix	1
Un excentrique	1

CHARDALL.
Les vautours de Paris	2

G. DE LA LANDELLE
Les Iles de Glace	2
Les Femmes à bord	1
Contes d'un Marin	1

DIVERS.
La reine des Licornes, par *Jean Bruno*	1
Était-il fou? par *De Peyremale*	1
Le Comte de Soissons, par *Alexis Muénier*	1
Ces Messieurs et ces Dames, par *Jules de Rieux*	1
Mémoires de Roquelaure	4
La jolie fille du Marais, par *Louis de Montchamp*	1
La Bergère d'Ivry, par *Octave Féré*	2
La Louve, par *Paul Féval*	2
Le Médecin des Femmes, par *Jules Rouquette et Eugène Moret*	2
Le chien de Jean de Nivelle, par *Fabre d'Olivet*	1
Mémoires d'une Lorette, par *Maximilien Perrin*	1
Les gens de notre âge, par *Victor Thierry*	1
Les Orages de la vie, par *Charles Maquet*	1
Les Amours de d'Artagnan, par *Albert Blanquet*	2
La Succession Lecamus, par *Champfleury*	1
Chasses et Pêches de l'autre monde, par *Bénédict Révoil*	1
Rachel, par *Léon Beauvallet*	1
Les Inutiles, par *Angelo de Sorr*	1
Six mois à Eupatoria, par *Léon Pallu*	1
Une Histoire de soldat, par *Louise Colet*	1
Les Secrets du hasard, par *Louis Beaufils*	1
Souvenirs d'une Actrice	1

Sceaux. — Typographie de E. Dépée.

www.ingramcontent.com/pod-product-compliance
Lightning Source LLC
Chambersburg PA
CBHW070739170426
43200CB00007B/579